FILOSOFÍA DE LA MENTE

Conciencia, cuerpo y percepción

Barbara Gail Montero

Filosofía de la mente

Conciencia, cuerpo y percepción

ERASMUS
2024

Primera edición: abril de 2024

© de esta edición: Editorial Almuzara, s.l., 2024
Parque logístico de Córdoba.
Ctra. Palma del Río Km 4 C/8,
Nave 12, n.º 3
14005 Córdoba

Director: Raúl López López
Posedición y corrección: Carmen Acuña Bueno
Diseño de cubierta: estudiodavinci
Maquetación: JesMart

www.editorialalmuzara.com

pedidos@almuzaralibros. cominfo@almuzaralibros.com

I.S.B.N: 978-84-10199-92-7
Depósito Legal: CO-377-2024

Imprime: Romanyà-Valls

Hecho e impreso en España *Made and printed in Spain*

ÍNDICE

PREFACIO

Al pisar una tachuela con los pies descalzos, los receptores del dolor en el lugar de la lesión envían señales eléctricas a través de fibras nerviosas a la médula espinal y, en última instancia, al cerebro, donde pasan a las zonas responsables de la sensación física, el pensamiento y la emoción. El resultado es esa sensación desagradable que llamamos dolor. Ahora imagine que se completan los detalles de esta explicación neurofisiológica del dolor. ¿Tendríamos una explicación completa de su sensación de dolor? Si el dolor no es más que un proceso neurofisiológico, sí lo tendríamos. Pero si eso es todo, ¿por qué el dolor al pisar una tachuela se produce exclusivamente en el pie, mientras que la neurofisiología del dolor implica nervios periféricos, médula espinal, tronco encefálico y cerebro?

Las manzanas Granny Smith me parecen verdes. Y si tienes una visión cromática normal, también te parecerán verdes. O, al menos, tanto tú como yo describiremos las manzanas Granny Smith como verdes. ¿Y cómo sé yo que tú experimentas su color como yo? ¿Cómo sé que tu experiencia de lo que yo llamo «verde»no es exactamente igual a la mía cuando veo el rojo? Parece que, aunque yo pueda oír tus palabras y ver tus acciones, sólo tú puedes saber lo que experimentas en tu propia mente; sólo tú puedes saber lo que es para ti ver una Granny Smith de color verde. ¿Podemos demostrar que tu experiencia del verde es la misma que la mía observando nuestros cerebros? Supongamos que, cuando tú ves el verde, tu cerebro tiene exactamente la misma configuración que el mío cuando yo lo veo. ¿Demostraría esto que tú y yo tenemos el mismo tipo de experiencias? ¿O seguiría existiendo la posibilidad de que nuestros cerebros se comportaran exactamente igual mientras nuestras experiencias individuales difieren? Si juegas al ajedrez, lo más probable es que hayas perdido alguna partida contra un ordenador. Aunque antes se pensaba que el ajedrez de alto nivel era una habilidad exclusivamente humana, ahora los ordenadores destacan en este juego. ¿Significa esto que los ordenadores piensan? Y si es así, ¿piensan básicamente igual que nosotros? ¿O hay algo en el procesamiento de la información en un cerebro biológico que impide su reproducción en un cerebro electrónico? Puede que los ordenadores reflexionen sobre jugadas de ajedrez, diagnostiquen enfermedades y analicen operaciones bursátiles, pero ¿podría un ordenador sentir alegría o tristeza? ¿Podría un ordenador ser consciente? Mientras que los seres humanos están compuestos casi exclusivamente de oxígeno, carbono, hidrógeno, nitrógeno, calcio y fósforo, los chips de los ordenadores son principalmente de silicio. ¿Importa esta diferencia en la composición elemental a la hora de decidir si las mentes pueden surgir de los chips de ordenador?

Estos son algunos de los enigmas en los que se basa la filosofía de la mente, un campo de estudio con raíces transculturales y conexiones interdisciplinarias que investiga los pensamientos, las emociones, los deseos, las creencias, los dolores, los placeres, las percepciones y la conciencia.

Muchas de las cuestiones que abordan los filósofos de la mente se solapan con las que investigan los científicos. Los filósofos quieren entender la naturaleza de la conciencia; los neurocientíficos y los psicólogos también. Los filósofos quieren descifrar la relación entre lenguaje y pensamiento; los lingüistas también. Los filósofos estudian la toma racional de decisiones, al igual que los economistas, e intentan discernir los constituyentes últimos de la realidad, lo que también es dominio de la física. Sin embargo, a pesar de ser una de las ramas del estudio interdisciplinar de la mente denominado «ciencia cognitiva», la filosofía de la mente no suele considerarse ciencia. En gran medida, la filosofía y la ciencia emplean métodos diferentes. Los científicos realizan experimentos o recogen sistemáticamente datos mensurables y desarrollan teorías o modelos basados en lo que han descubierto, mientras que los filósofos tienden a basarse en la indagación «a priori», lo que significa que les gusta pensar (dentro o fuera de un sillón) sobre lo que tiene sentido. Los filósofos también tienden a valorar la historia y los héroes de su disciplina más que los científicos. Cuando un filósofo quiere entender la naturaleza de la causalidad, puede profundizar en la visión de Aristóteles sobre los cuatro tipos de causalidad –material, formal, eficiente y final–, mientras que un científico puede ganar un Premio Nobel por investigar la naturaleza de la luz sin haber oído hablar siquiera de la ley de refracción de Ptolomeo.

No obstante, estas divisiones no son absolutas. Algunos filósofos cortan sus lazos con la historia, evitan el enfoque de sillón y, en su lugar, realizan experimentos, recopilan datos sistemáticamente y basan sus teorías en sus hallazgos. Además, los científicos pueden ser aficionados a la historia y a menudo realizan razonamientos *a priori*: ¿podría haber factores de confusión en un experimento? ¿Cuáles son las posibles explicaciones de los datos? ¿Cuál de dos teorías con el mismo respaldo empírico tiene más probabilidades de ser cierta? Estas preguntas pueden responderse cómodamente desde un sillón.

En la actualidad existe un animado debate entre los filósofos sobre la utilidad de los resultados empíricos en las investigaciones filosóficas de la mente. Una parte del debate considera que el trabajo empírico es el único medio para progresar, mientras que la otra considera que la filosofía de la mente pertenece a la rama de la filosofía llamada «metafísica», una rama de la filosofía que pretende descubrir verdades sobre el mundo que se sostienen *necesariamente*, verdades que se sostendrían aunque las leyes científicas tal y como las conocemos fueran diferentes. En opinión de estos metafísicos, las cuestiones que investigan están fuera del alcance de la ciencia, ya que no son preguntas sobre nuestro mundo, sino sobre mundos hipotéticos, mundos que pueden contener nada más que dos esferas negras, cada una la imagen especular de la otra, o kilómetros y kilómetros de graneros falsos, o habitantes que llevan cajitas que albergan lo que ellos llaman un «escarabajo».

Al igual que los novelistas no necesitan realizar experimentos en el mundo real para comprobar si sus tramas pueden hacerse realidad, los experimentos de pensamiento filosófico pueden parecerse más a la literatura que a la ciencia. Por otra parte, las grandes obras literarias a menudo abordan cuestiones filosóficas perennes. Por ejemplo, en su lucha por comprender el mundo desde la perspectiva de los demás, el personaje central de la obra en siete volúmenes *En busca del tiempo perdido*, de Marcel Proust, parece muy consciente de lo que los filósofos han denominado la «brecha epistémica» entre lo que la ciencia puede revelar sobre una persona y lo que sabemos sobre ser una persona a partir de nuestro propio caso. Y el *Frankenstein* de Mary Shelley –una novela escrita mientras estaba embarazada y quizá contemplando el miedo, el asombro y el enorme poder divino del nacimiento– aborda, entre otras cuestiones filosóficas, nuestras obligaciones morales para con seres complejos y conscientes que difieren de nosotros.

Sin embargo, aunque los mejores experimentos mentales puedan tener un elemento literario, la filosofía –aparte de joyas como *Así habló Zaratustra* de Nietzsche y *O lo uno o lo otro* de Kierkegaard– no es más literatura que ciencia. Las conclusiones que se extraen de los experimentos mentales de la filosofía de la mente son mucho más explícitas que las de la ficción. La sutileza en la literatura es una virtud, mientras que los argumentos de la filosofía de la mente, de forma bastante apropiada, normalmente pretenden golpearte en la cabeza. Además, los científicos también realizan experimentos mentales: Newton nunca disparó un cañón desde la cima de una montaña muy alta; Galileo probablemente nunca dejó caer nada desde la torre inclinada de Pisa; y Schrödinger ni siquiera tenía un gato. Entonces, ¿cuál es el enfoque claramente filosófico para estudiar la mente? Volveremos sobre esta cuestión, aunque, como veréis, al igual que la mayoría de las cuestiones que abordaremos, al final quedará sin resolver. De hecho, el objetivo de la filosofía –y, en este caso, quizá más que el de otras disciplinas– no es tanto encontrar respuestas a las preguntas como formular las propias preguntas.

AGRADECIMIENTOS

El matemático y filósofo francés Blaise Pascal comentaba en una carta de 1657 que, de haber tenido tiempo, habría escrito menos. Agradezco a Oxford University Press su paciencia. También quiero dar las gracias a mis alumnos de licenciatura y posgrado de la City University of New York, que hicieron comentarios sobre los borradores del libro, a los amigos, colegas y bastantes desconocidos que respondieron por correo electrónico a mis peticiones urgentes de consejo y, sobre todo, a Rajkumar Nanavati, que leyó dos veces el manuscrito entero y ofreció sugerencias inestimables.

LISTA DE ILUSTRACIONES

representa la verdad, la justicia, el equilibrio y el orden. Wikipedia (Dominio Público).

9 Antiguos glifos mayas. Códice de Dresde, sección 2, página 13. Wikipedia (Dominio Público).

I

DUALISMO

El dualismo en la filosofía de la mente es la teoría de que la mente es distinta del cuerpo; es la teoría de que un ser humano no sólo comprende un cuerpo físico, que generalmente abarca el torso, las extremidades, la cabeza y el cuello, sino también una mente inmaterial, que se considera la sede del pensamiento y la experiencia consciente; es la teoría en la que se basó la filosofía de la mente y, aunque ampliamente criticada, sigue llamando la atención de los filósofos contemporáneos que se preguntan sobre experimentos mentales que parecen sugerir que la teoría es cierta.

El experimento mental de Mary

Imagina a Mary, una brillante neurocientífica que ha pasado toda su vida en un entorno carente de color. Sus paredes, muebles y equipos de laboratorio son grises. Si se le resbala el cuchillo al cortar tomates grises como el acero, sangra sangre de ébano, e incluso sueña en blanco y negro. Sin embargo, convencida de que la hierba es más verde que el gris que conoce, se dedica a averiguar cómo es ver el color. A través de libros en blanco y negro y monitores de ordenador, aprende sobre las propiedades reflectantes de la superficie de los objetos, las longitudes de onda de la luz, la neurofisiología de la visión del color; lee poesía sobre el color: «El rojo resplandor es la mañana»[1]; estudia los estados de ánimo que se cree que significan los colores en diversas culturas. Al final, Mary aprende todo lo que se puede enseñar en blanco y negro sobre la experiencia de ver el color. ¿Queda algo por lo que Mary pueda sentir curiosidad? Parece que sí, ya que si saliera de su entorno en blanco y negro, se sorprendería: «¡Así que así es el verde! Ahora lo sé». Sin embargo, si aprende algo nuevo al ver los colores, no puede tratarse de un hecho físico sobre la visión de los colores, puesto que ya los dominaba en el laboratorio. Por lo tanto, el conocimiento que adquiere al ver los colores debe referirse al funcionamiento de la mente inmaterial.

Este experimento mental es una variación del «argumento del conocimiento» del filósofo australiano contemporáneo Frank Jackson, llamado así porque su premisa de partida establece lo que Mary sabe: que todo sobre el color puede transmitirse en un entorno en blanco y negro. En opinión de los defensores del argumento del conocimiento, esta premisa, combinada con la premisa de que Mary se sorprende al ver

1 Véase segunda nota del capítulo 1 al final del libro (*Nota de la editora).*

el color por primera vez, implica que dentro de su laboratorio no tenía un conocimiento completo de la visión del color. Conocía todos los hechos físicos, pero no comprendía los aspectos no físicos de la experiencia del color. Por tanto, concluyen que el dualismo, que apunta que la mente no es física y, como tal, es de naturaleza distinta al cuerpo, es cierto.

¿Es convincente el argumento del conocimiento? ¿Podría ser que Mary no se sorprendiera al salir de su entorno acromático? Gracias a los avances tecnológicos en el campo de la óptica, los daltónicos parciales pueden ponerse gafas que realzan el color y ver lo que se han perdido. Y algunos medios de comunicación indican que la experiencia es tan conmovedora, tan sorprendente, tan maravillosa que a veces se les saltan las lágrimas, lo que sugiere que Mary al menos aprendería algo nuevo con la experiencia. Por otra parte, estos individuos parcialmente daltónicos a los que se les saltan las lágrimas no tenían el amplio conocimiento científico del color que posee Mary. Y algunos filósofos piensan que esto importa, argumentando que es insondable a qué equivale conocer todos los hechos físicos de la visión del color y, por tanto, no podemos descartar la posibilidad de que Mary, antes de escapar, pueda saber todo lo que hay que saber sobre la experiencia de ver el color.

Otros críticos del argumento de Jackson piensan que, aunque Mary tuviera una laguna de conocimiento antes de ver el color por primera vez, eso sólo significaría que hay algo que desconoce del mundo, y no significaría que la experiencia consciente no forme parte del mundo físico. Una cosa es lo que conocemos del mundo y otra lo que el mundo es en realidad. Y otros afirman que no es posible conocer todos los hechos físicos en un entorno en blanco y negro. Afirman que aunque Mary (desde dentro del laboratorio) no pueda aprender que ver verde es así –donde «así» se rellena con esa experiencia familiar que tienes cuando ves el verde, su experiencia de ver verde una vez que escapa es, sin embargo, física.

Los defensores del argumento del conocimiento no se dejan convencer. Sostienen que si la mente fuera física, Mary podría aprender todo lo que hay que saber sobre ella en un entorno en blanco y negro, porque ¿no se pueden aprender todos los demás aspectos físicos de la visión del color sin ver el color? Y en cuanto a la objeción de que no podemos concebir cómo sería aprender todos los hechos físicos, argumentan que aunque hay un gran número de hechos físicos que Mary necesitaría aprender, y aunque no sepamos hoy cuáles son todos esos hechos, entendemos suficientemente bien cómo sería para ella aprender más hechos físicos y que hacerlo no la iluminaría. Por tanto, sostienen, la laguna en el conocimiento del mundo de Mary implica que hay una laguna en el mundo físico donde debería estar la experiencia consciente de ver el verde.

El problema mente-cuerpo

Los filósofos que defienden el dualismo lo ven como una solución a uno de los grandes problemas de la filosofía: el problema mente-cuerpo, que es el problema de especificar la relación entre la mente y el cuerpo. ¿Es la mente distinta del cuerpo y capaz de existir por sí misma sin ningún sustrato corporal? ¿O es la mente un componente del cerebro que deja de existir tras la muerte del cuerpo? Tradicionalmente, los dualistas se decantan por la primera opción. Resuelven el problema mente-cuerpo –o, como se dice a veces, el problema de explicar cómo encaja la mente en el mundo físico– especificando una separación clara entre mente y cuerpo. Para los dualistas, la mente, a diferencia de todas las demás cosas físicas o corporales de este mundo –rocas, árboles, mesas, sillas–, es una entidad inmaterial.

Lo que hace que el problema mente-cuerpo sea un reto es que hay razones tanto para ver la mente como una parte material de nuestros cuerpos como para verla como algo inmaterial. Pensemos en el cuerpo desde una perspectiva biológica. La biología describe a los seres humanos como agregados de 37,2 billones de células que trabajan juntas para formar los tejidos y órganos que nos mantienen en funcionamiento. Y aunque queda mucho por aprender, es natural pensar que los futuros descubrimientos no revelarán que, además de estar compuestos de células, los seres humanos albergan mentes inmateriales, mentes que no pueden entenderse en términos de funciones celulares. La mente, desde una perspectiva biológica, no es otra cosa que el cerebro en funcionamiento o más concretamente –en contraste con las partes del cerebro que controlan la digestión, la respiración y otros procesos autonómicos–, no es otra cosa que las partes del cerebro en funcionamiento que engendran el pensamiento, el sentimiento, la emoción y otros procesos similares.

Ahora considera el funcionamiento de tu propia mente desde un punto de vista en primera persona. ¿Sientes dolor? ¿Qué ves? ¿Qué pensamientos te pasan por la cabeza? Sin consultar un escáner fMRI, sin consultar a los expertos, sin recurrir siquiera a Google, puedes responder a estas preguntas. Sin duda, un amigo puede entender mejor que tú que tengas envidia y no estés realmente enfadado con tu colega que gana el doble que tú. Aun así, aunque a veces nos equivoquemos sobre lo que ocurre en nuestra mente, parece que podemos hacer una introspección, más o menos precisa, de nuestra vida mental. Y lo que aprendemos sobre nuestras mentes a través de la introspección no parece aplicarse a nuestros cerebros. A partir de una resonancia magnética, los científicos pueden *inferir* que uno se siente alegre, pero la introspección no requiere inferencias; la introspección puede inducir a error ocasionalmente, pero cuando funciona, parece ponerte en contacto directo con tu mente. Y la introspección, aunque puede revelar que estás pensando en el número ocho, no puede revelar (directamente) que hay actividad en tus surcos intraparietales bilaterales. Si podemos hacer un ejercicio de introspección en nuestra mente pero no en nuestro cerebro, la mente, al parecer, no es un componente del cerebro.

También tendemos a pensar que todo lo que ocurre está limitado en última instancia por las leyes probabilísticas o deterministas de la física, pero también que al menos algunas de nuestras elecciones –¿chocolate o vainilla? ¿tren o autobús? ¿tango o chachachá?– no están limitadas en este sentido. En otras palabras, parece que la mente es algo material que se rige por las leyes de la física y también que, independientemente de hacia dónde apunten las partículas físicas, tú y su pareja son libres de elegir bailar el tango.

¿Podría la mente ser tanto un aspecto del cuerpo en funcionamiento como algo separado de nuestros cuerpos, tanto material como inmaterial, tanto totalmente explicable por la ciencia como algo que la ciencia nunca podrá esclarecer del todo? En la vida cotidiana, a menudo mantenemos creencias contradictorias. En palabras del poeta Walt Whitman, «contenemos multitudes». Sin embargo, para los filósofos, las contradicciones suelen ser como clavos en una pizarra y, por eso, al estudiar la mente, se ven impulsados a averiguar en qué se ha equivocado nuestro pensamiento sobre la mente y el cuerpo.

El dualismo en la Antigüedad

A veces se dice que una determinada teoría filosófica es tan antigua como la propia filosofía. Sin embargo, el dualismo es más antiguo. Como teoría filosófica, se remonta al menos a Platón, quien, escribiendo en Grecia en el siglo IV a. C., veía a los seres humanos como compuestos de un cuerpo material y una mente inmaterial, o lo que él consideraba un cuerpo y un alma (los filósofos suelen utilizar indistintamente los términos «mente inmaterial» y «alma»). El dualismo de Platón queda bien plasmado en su diálogo el *Fedón,* en el que Sócrates describe la muerte como el punto en el que el alma se separa del cuerpo: «La muerte es esto», nos dice Sócrates, «el cuerpo aparte, separado del alma, solo por sí mismo, y el alma estando aparte, sola por sí misma, separada del cuerpo». Sócrates no sólo propone el dualismo de mente y cuerpo, según el cual los seres humanos tienen dos componentes, sino también la opinión de que, aunque la mente y el cuerpo están unidos durante nuestras vidas terrenales, estos dos componentes se separan con la muerte, el cuerpo se convierte en polvo y el alma florece en la otra vida.

La historia del dualismo también puede rastrearse a través de los textos religiosos. El texto budista *Visuddhimagga*, escrito en el siglo V d. C. en Sri Lanka, presenta una versión del dualismo en la que el alma y el cuerpo son interdependientes. Según este texto, la mente y el cuerpo son análogos a un ciego y una persona que no puede caminar y que es transportada a la espalda del ciego: uno sirve de piernas al otro y el otro sirve de ojos al primero. Al igual que el individuo ciego y el que no puede caminar por sí solo se necesitan mutuamente, la mente necesita al cuerpo para existir y el cuerpo no puede funcionar sin la mente. Esta concepción budista de la mente no viene acompañada de la ventaja adicional de la inmortalidad, ya que si la mente y el cuerpo son mutuamente dependientes, uno no puede sobrevivir sin el otro. No obstante, es una forma de dualismo, ya que postula que la mente y el cuerpo son entidades distintas.

Sin embargo, muchas tradiciones religiosas defienden el dualismo con una ventaja adicional. Por ejemplo, la inmortalidad es la preocupación central de lo que se ha llamado el *Libro de los Muertos* egipcio, un antiguo texto funerario, de uso generalizado unos mil años antes de que Platón escribiera sobre Sócrates, y que puede entenderse como la guía de viaje del alma al más allá. Incluso hay indicios de que los neandertales podían tener una concepción dualista de la mente y el cuerpo: los datos arqueológicos revelan que los neandertales tenían prácticas funerarias rituales, enterraban con cuidado a los miembros fallecidos del grupo y, en ocasiones, adornaban sus tumbas con huesos de animales o, posiblemente, con flores (Figura 1).

Sólo podemos especular sobre por qué lo hacían. Pero podría ser que creyeran que el alma estaba separada del cuerpo y no tenía por qué perecer con él. La inmortalidad del alma, desde la antigüedad hasta hoy, es un precepto también del cristianismo, el islam, el hinduismo, el judaísmo (al menos, discutiblemente) y muchas otras religiones.

Lo filosóficamente interesante del largo linaje del dualismo no son necesariamente los argumentos que se dieron en su favor, ya que a veces no había ninguno, o al menos no ninguno que los filósofos de hoy llamarían «argumentos». Más bien, lo que es filosóficamente significativo es el mero hecho de que tenga este linaje. El filósofo austro-británico del siglo XX Ludwig Wittgenstein sostenía que la filosofía es iatrogénica: su único objetivo es curar las enfermedades que ella misma ha creado, simplemente «mostrar a la mosca el camino para salir de la botella de la mosca». Cierta filosofía puede ser iatrogénica, pero una parte del enigma mente-cuerpo –nuestra inclinación a pensar que la mente es distinta del cuerpo– surgió incluso antes de que existiera la disciplina filosófica.

Dualismo cartesiano

Aunque el *Libro de los Muertos* puede haber sido un antiguo *best-seller* egipcio, los textos centrales de la filosofía contemporánea de la mente pasan por alto la cuestión de la inmortalidad. En su lugar, los filósofos contemporáneos se centran en la cuestión de si es posible –posible, es decir, en el sentido abstracto en el que es posible un elefante volador si se cambian las leyes de la física y la biología evolutiva– que la mente y el cuerpo sean distintos. Este planteamiento del problema mente-cuerpo, que pretende demostrar que la mente es distinta del cuerpo (independientemente de que sobreviva o no a la muerte corporal), tiene sus raíces en los trabajos del siglo XVII del matemático y filósofo francés René Descartes, considerado el fundador de la filosofía moderna. Mientras que la filosofía contemporánea se describe a veces como una serie de notas a pie de página de Platón, la filosofía contemporánea de la mente podría describirse mejor como una nota a pie de página de Descartes.

Figura 1. Reconstrucción artística de 1920 de neandertales de Le Moustier.

Antes de Descartes, la naturaleza se entendía tal y como la concebía Aristóteles: impregnada de mente, de propósito e intención y de otros atributos psicológicos impenetrables para el análisis cuantitativo. Si se quería entender por qué caen las bellotas, había que investigar sus deseos e incluso sus esperanzas de llegar a su lugar natural de reposo, que para cualquier cosa con masa era el centro de la Tierra. Preparando el camino para la revolución científica, Descartes despojó a la materia de sus deseos y anhelos, dejando tras de sí un mundo material de montañas, moléculas y cuerpos humanos susceptible de análisis cuantitativo, un mundo de cosas irreflexivas, insensibles y espacialmente extendidas, un mundo, como dijo Descartes, cuya esencia es la extensión en longitud, anchura y profundidad. En cambio, el mundo mental –el mundo de los pensamientos, las creencias, los deseos y las experiencias sensoriales– no tiene extensión. Pero aunque la separación de lo mental y lo material abrió el mundo material a la ciencia moderna, al mismo tiempo aisló el mundo mental del escrutinio científico.

Descartes defendía una forma de dualismo que se ha dado en llamar «dualismo cartesiano» o «dualismo interactivo», según el cual la mente y el cuerpo son distintos (ésa es la parte del dualismo), pero interactúan causalmente entre sí (ésa es la parte interactiva). Que hay interacciones causales entre mente y cuerpo es, según Descartes, de sentido común: tu pensamiento de que tienes sed (que es algo que ocurre en tu mente) puede hacer que cojas un vaso de agua (que es una acción de tu cuerpo); tu tobillo (corporal) torcido puede hacer que sientas dolor (que es un proceso de tu mente).

¿Por qué pensar que el dualismo es cierto? Descartes argumenta lo siguiente: la mente y el cuerpo no pueden ser una misma cosa, ya que algo cuya única naturaleza es la extensión (el cuerpo) podría existir sin la mente, y algo cuya única naturaleza es el pensamiento (la mente) podría existir sin el cuerpo. Por lo tanto, la mente y el cuerpo, concluye, deben ser distintos; «mi mente», como dice Descartes, «es completa y verdaderamente distinta de mi cuerpo, y puede existir sin él». En otras palabras, Descartes sostiene que, puesto que es *posible* que la mente y el cuerpo existan por sí solos, la mente y el cuerpo son *en realidad* distintos.

Podría parecer un salto pasar de afirmaciones sobre lo que podría ser el caso (que la mente podría existir sin el cuerpo y viceversa) a lo que realmente es el caso (que la mente y el cuerpo son distintos). Y es cierto que en los cursos de filosofía, el argumento de Descartes a favor de la «distinción real» entre mente y cuerpo se presenta con frecuencia como un modelo del poder casi milagroso de la argumentación filosófica, poder que permite extraer conclusiones sobre lo que es realmente el caso a partir de premisas sobre lo que es meramente posible. Pero el movimiento no es milagroso en absoluto: tal como lo entiende Descartes, para que una cosa sea realmente distinta de otra sólo es posible que esa cosa exista sin la otra. Así, lejos de ser un salto, la conclusión de Descartes sobre la distinción real entre mente y cuerpo se sigue, por definición, de su distinción posible.

La cuestión de cómo llega a esta posibilidad, sin embargo, es otra. Descartes presenta su argumento a favor del dualismo en las *Meditaciones*, un libro que dedicó a la sagrada Facultad de Teología de la Universidad de París. Quería que la Facultad aprobara oficialmente el libro para evitar problemas legales. Se desconoce si esta fue su única motivación para defender el dualismo, así como si alguna vez obtuvo la aprobación oficial de la Facultad. Lo que sí se sabe es que el libro suscitó un animado debate. La princesa Isabel de Bohemia, en su correspondencia con Descartes, identifica lo que hoy se considera su defecto fatal. Elisabeth pregunta: «¿Cómo puede una cosa no extendida empujar al cuerpo a realizar acciones?». La causalidad, señala Elisabeth (y como se aceptaba generalmente en aquella época), requiere contacto –requiere que una cosa toque a otra, del mismo modo que una bola de billar hace que otra se mueva–, pero algo no extendido nunca puede entrar en contacto con algo extendido. Así pues, con respecto a la mente no extendida y el cuerpo extendido, nunca se encontrarán. Aunque Descartes supone que el deseo de beber agua, por ejemplo, podría hacer que un cuerpo cogiera un vaso de agua, dada la concepción de la causalidad con la que trabajaba Descartes, la causalidad mente-cuerpo era imposible. Es más fácil imaginar que la mente es material, le dijo Elisabeth a Descartes, que imaginar relaciones causales entre una mente inmaterial y un cuerpo material.

Los filósofos de finales del siglo XVII y principios del XVIII ofrecieron soluciones bastante creativas al problema de la causalidad mente-cuerpo. Algunos adoptaron una teoría de la mente según la cual mente y cuerpo nunca interactúan causalmente, sino que discurren por vías paralelas. El polímata alemán Gottfried Leibniz defendía tal «paralelismo», o lo que se denominaba «armonía preestablecida». Leibniz comparó la mente y el cuerpo con dos relojes sincronizados: al igual que los dos relojes dan las tres a la vez, aunque uno no provoque que el otro dé las campanadas, el brazo del usuario se acercará a un vaso de agua cuando desee beber porque la mente y el cuerpo están sincronizados, aunque su deseo no provoque que lo haga. ¿Qué explica esta sincronía? Según Leibniz, la mente y el cuerpo fueron «preestablecidos» por Dios desde el principio.

Otros abordaron el problema que Elisabeth planteaba al dualismo cartesiano eliminando el lado material de la ecuación y defendiendo el «idealismo», una teoría según la cual todo el mundo material no es más que una construcción de la mente. Según el defensor más conocido del idealismo, el filósofo irlandés de principios del siglo XVIII George Berkeley, el dolor sigue al daño corporal no porque el daño corporal cause dolor, sino porque ésta es la progresión lógica de las ideas en la mente de Dios.

Puede que Leibniz y Berkeley hayan evitado el problema de la causalidad mente-cuerpo, pero la mayoría de los filósofos actuales dirían que lo hicieron a un precio desorbitado. No sólo sus concepciones ontológicas de la realidad eran exageradas, sino que también obligaron a Dios a hacer un trabajo pesado para que a la humanidad le pareciera que existe causalidad mente-cuerpo. Además, los dualistas actuales tienen otra forma de sortear la objeción de Elisabeth. La ley de la gravitación universal de Newton –una ley que establece que los objetos masivos atraen a otros objetos masivos en proporción directa al producto de su masa y en proporción inversa al cuadrado de la distancia entre ellos– eliminó la posibilidad de causalidad sin contacto. La ley de Newton, por ejemplo, explica cómo la atracción gravitatoria de la Luna y el Sol sobre la Tierra afecta a la subida y bajada de las mareas oceánicas sin tener en cuenta el contacto.

Sin duda, la ley de la gravedad de Newton fue superada con el tiempo, pero la imagen mecanicista de la causalidad de Descartes, según la cual la causalidad requiere que una cosa choque físicamente con otra, nunca se recuperó. Como dice el lingüista y filósofo Noam Chomsky, Newton exorcizó el cuerpo cartesiano pero dejó la mente cartesiana perfectamente intacta. El dualismo puede estar abierto a objeciones, pero la dificultad que Elisabeth planteó a Descartes ya no es una de ellas.

¿Por qué sólo dos?

¿Estamos hechos de un solo tipo de cosa, es decir, de materia? ¿O estamos hechos de dos tipos de cosas, mente y materia? Aunque muchos debates filosóficos giran en torno a estas posibilidades, hay otras opciones. Por ejemplo, se podría sostener, como hizo Berkeley, que hay un tipo de cosa, pero que no es material. O se podría sostener que hay dos clases de cosas, pero que ambas son materiales, lo que ocurriría, por ejemplo, si el mundo estuviera compuesto exclusivamente por materia ordinaria y materia oscura (suponiendo que la materia oscura sea fundamentalmente distinta de la ordinaria). Por último, se puede creer que hay más de dos clases de cosas; la materia, tanto oscura como ordinaria, puede estar en esta lista, al igual que cualquier número de cosas, incluida la energía oscura, los números abstractos y los valores morales. Al contar más de dos, los filósofos tienden a ir con tres o muchos, pero las posibilidades son en principio infinitas.

Incluso Descartes, argumentan algunos, puede no haber estado obsesionado con dos. Aunque presenta un argumento a favor del dualismo en las *Meditaciones*, también dice que las sensaciones, como el hambre, la sed y el dolor, surgen de la «unión y, por así decirlo, entremezcla de la mente con el cuerpo». Tales comentarios motivan a algunos a entender a Descartes, no como un dualista, sino como un trialista, según el cual los seres humanos están compuestos de materia mental, materia corporal y una materia que consiste en la unión de mente y cuerpo.

Una imagen trialista de la persona es también una característica de la filosofía akan. La filosofía akan, que surgió de la tradición oral de África Occidental (principalmente Ghana), entiende que una persona está formada por un *okra*, que se traduce como «alma» o «fuerza vital», un *honam*, que generalmente se traduce como «cuerpo», y un *sumsun*, que a veces se traduce como «personalidad» o «carácter». El alma, según la concepción akan, persiste tras la muerte corporal, mientras que la personalidad, aunque no es sólo un rasgo corporal de la persona, se extingue con el último aliento.

Sin embargo, contar los tipos de cosas que componen una persona no es sencillo. De hecho, ni siquiera es obvio cómo responder a la pregunta «¿cuántas clases de cosas hay en mi frutero? ¿Debo responder «uno», ya que cada objeto es una fruta? ¿O «tres», ya que tengo manzanas, naranjas y un pomelo? ¿O debería decir «dos»: cítricos y pomos? ¿Cuenta el aire? ¿El polvo? La respuesta depende de lo que te importe. Entonces, ¿qué importa a la hora de contar los tipos de cosas que comprende una persona? El filósofo ghanés Kwame Gyekye, fallecido en 2019, sostiene que, dado que el cuerpo es físico y no lo son ni el *okra* ni el *sumsun*, la persona akan debe entenderse como compuesta por dos tipos de cosas, una de las cuales es inmaterial y la otra material. Los filósofos contemporáneos de la mente suelen centrarse también en la división entre lo material y lo inmaterial.

El argumento del zombi

A pesar de la popularidad del género, no es cierto que la mayoría de las obras mejoren con la adición de zombis. *Orgullo y prejuicio y zombis* es una lectura divertida, pero no es mejor que el original. Sin embargo, en el caso del argumento de Descartes a favor del dualismo, la versión zombificada suele considerarse superior. El llamado «argumento zombi» no tiene mucho que ver con el tipo de zombis que avanzan desgarbados por calles poco iluminadas y asesinan a transeúntes honorables y a menudo de belleza deslumbrante. Más bien, los «zombis» que habitan en los experimentos filosóficos deben entenderse como duplicados molécula por molécula de seres humanos sensibles que son exactamente como nosotros, salvo por el hecho de que carecen de conciencia. Pueden gritar de dolor, pero no sienten nada. Y su adición al argumento de Descartes lo mejora al aclarar lo que está en juego.

Descartes argumentó que es posible que su mente exista sin su cuerpo y que su cuerpo exista sin su mente; el argumento del zombi destila lo que frecuentemente se considera el paso crucial de Descartes: la posibilidad de que un cuerpo en pleno funcionamiento exista sin una mente que lo acompañe.

Imagine un mundo –un «mundo zombi»– que duplique las partículas y fuerzas físicas fundamentales de nuestro mundo. Este mundo duplicado sería exactamente igual al nuestro; tendría océanos, montañas, valles y llanuras como los nuestros. Pero nadie sería consciente. Tu doble zombi haría todo lo que tú haces y tendría un cerebro que funcionaría igual que el tuyo, salvo que no tendría conciencia interior, ni conciencia, ni experiencias sobre el color verde ni nada. ¿Podría existir un mundo zombi? Los dualistas contemporáneos piensan que sí porque creen que la imaginación (más concretamente, la imaginación cuidadosa o *concebibilidad*) sirve de guía para la posibilidad, de forma parecida a como tu capacidad para imaginar claramente que los restos de sopa caben en un recipiente serviría de guía para la posibilidad de que quepan. Además, sostienen que, puesto que los zombis son posibles, la conciencia debe ser algo distinto de un aspecto físico del mundo, que debe ser un componente adicional de nuestro mundo que no surge necesariamente de la organización de las fuerzas y partículas de la física.

La prominencia de los zombis en los debates filosóficos sobre el dualismo se debe en gran medida a los escritos del filósofo contemporáneo David Chalmers, que toma el argumento de los zombis como una razón de peso para pensar que la mente es inmaterial. Al igual que el argumento de Descartes a favor del dualismo, el argumento del zombi gira en torno a la idea de que la posibilidad de un cuerpo en pleno funcionamiento sin mente revela que la mente es distinta del cuerpo. Piénsalo así. Para cultivar una caléndula, no sólo se necesita tierra fértil, sol y mucha agua, sino también una semilla de caléndula, porque, después de todo, si tuviéramos el sol, la tierra y el agua sin la semilla, no brotaría nada. Para los defensores del argumento zombi, el sol, la tierra y el agua son análogos al cuerpo, y la semilla es análoga a la mente: el cuerpo por sí solo no basta para un ser humano; el cuerpo por sí solo, según ellos, es un zombi. Así, se cree que la posibilidad de los zombis demuestra que la mente es algo adicional al cuerpo que adorna, algo que tuvo que ser plantado.

Cuestionar los argumentos de concebibilidad

El argumento de los zombis se basa en tres premisas: (1) que podemos imaginar zombis, (2) que nuestra capacidad para hacerlo implica que tales criaturas son posibles, y (3) que la posibilidad de los zombis corrobora el dualismo.

Figura 2. Las escaleras de Penrose, también conocidas como la «escalera imposible», creadas de forma independiente por el artista gráfico sueco Oscar Reutersvärd en 1937 y más tarde por el matemático británico Roger Penrose en colaboración con su padre, el psiquiatra Lionel Penrose.

La inferencia de la imaginabilidad a la posibilidad ha sido la más atacada. Tanto el argumento de Descartes como el de los zombis se denominan «argumentos de concebibilidad» porque extraen conclusiones sobre lo que es posible basándose en lo que podemos imaginar o concebir. Aunque algunos filósofos defienden el paso de la concebibilidad a la posibilidad, argumentando que a menudo utilizamos la imaginación, o concebibilidad, como guía de la posibilidad –recuerda la sopa que te sobró–, otros lo menosprecian, argumentando que antes de que conozcamos los detalles relevantes del ámbito de investigación, lo que podemos imaginar sobre ese ámbito es irrelevante para lo que es posible en él y, por tanto, nuestra capacidad para concebir zombis no implica que estas criaturas sin humor sean posibles. Estos críticos pueden señalar, por ejemplo, que antes de aprender la prueba de que hay infinitos números primos, uno puede ser capaz de imaginar que los primos se detienen en algún punto, pero no sólo es cierto, sino necesariamente cierto que hay infinitos primos; del mismo modo, uno puede ser capaz de imaginar una escalera finita que asciende eternamente imaginando mentalmente las escaleras de Penrose (Figura 2). Sin embargo, una escalera que ascienda eternamente es imposible. En sintonía con los críticos del experimento mental de Mary, los críticos del argumento del zombi sostienen que el mundo es, es una cosa; lo que imaginamos o parecemos imaginar es otra cosa.

Los defensores de los argumentos de concebibilidad subrayan que en los supuestos casos de imaginar imposibilidades, no estamos imaginando *claramente* una escalera finita interminable o un final de los primos; concebir claramente la escalera es aprehenderla como finita; concebir claramente el número primo es comprender, entre otras cosas, la demostración de Euclides. En otras palabras, los defensores de los argumentos de concebibilidad sostienen que sólo después de haber elaborado los detalles pertinentes su imaginación de una escalera finita sin fin, un final a los primos, o lo que sea, se convierte en una guía fiable de lo que es posible en estos dominios.

Pero ahora, con estos estándares más elevados de concebibilidad, cabe preguntarse si realmente podemos concebir zombis. ¿Podemos imaginar claramente criaturas física, química y biológicamente iguales a nosotros, pero sin conciencia? ¿Y qué garantía hay de que hayamos resuelto todos los detalles relevantes de nuestra concepción de tales criaturas? Chalmers admite que la posibilidad de los zombis depende de una «intuición bruta», pero, en su opinión, no es diferente de cómo la posibilidad de un monociclo de una milla de altura depende de la intuición: sí, es simplemente mi intuición la que me dice que un monociclo de una milla de altura es posible, pero, argumenta, es obvio que esta intuición, al igual que la intuición de que los zombis son posibles, es correcta.

Además, según los dualistas, el sentido común está de su parte. Describimos a algunas personas como «mentalmente aptas, pero físicamente discapacitadas», y a otras como «locas a pesar de tener un cuerpo sano». Hablamos del aspecto mental del deporte –lo que hay que hacer para conseguir esa ventaja mental–, que consideramos diferente del mero entrenamiento físico. De hecho, la protección constitucional de la libertad de expresión en Estados Unidos parece basarse en un dualismo entre la mente y el cuerpo: la agresión física, que puede dañar el cuerpo, está prohibida por la Constitución, mientras que la agresión verbal, que puede dañar la mente, no lo está, a menos que provoque o amenace con dañar el cuerpo. Así pues, parece que, en algún lugar profundo de nuestra psique, está inscrito un dualismo entre mente y cuerpo.

Y, sin embargo, no sólo nuestras inscripciones mentales nos engañan a veces, sino que lo que es evidentemente cierto para un filósofo puede ser claramente falso para otro. Así pues, el debate sobre el estatus del dualismo continúa. De hecho, es difícil imaginar la disciplina de la filosofía de la mente, tal y como se practica habitualmente, sin él. Los argumentos estándar a favor del dualismo, quizá más que los argumentos a favor de cualquier otra teoría central de la filosofía de la mente, se basan en premisas a priori, es decir, premisas que pueden apoyarse en el mero pensamiento –o, más bien, debería decir en el pensamiento duro e incansable–. Y el razonamiento a priori es de lo que tradicionalmente depende la filosofía. De este modo, el dualismo no sólo anunció el comienzo de la filosofía tradicional de la mente, sino que su muerte puede anunciar también su final.

2

CONDUCTISMO

El filósofo inglés de mediados del siglo XX Gilbert Ryle llamó al dualismo de Descartes entre mente y cuerpo «el dogma del fantasma en la máquina». Opinaba que el dualismo cartesiano «no es sólo un conjunto de errores particulares», sino «un gran error». Planteando su crítica con «abuso deliberado», Ryle pretendía derribar no sólo la teoría de la mente de Descartes, sino también la larga cadena de pensadores dualistas que llegó hasta su época.

Las objeciones al dualismo mente-cuerpo ya habían surgido antes. Como vimos en el capítulo anterior, Descartes fue criticado por la princesa Isabel de Bohemia por ser incapaz de explicar la causalidad mente-cuerpo: dada la concepción del siglo XVII de la causalidad como algo que requiere contacto, era muy difícil, si no imposible, entender cómo una mente no extendida podía tener un efecto causal sobre un cuerpo extendido. Sin embargo, mientras Elisabeth criticaba los detalles del dualismo, Ryle iba a la yugular. Su objetivo era demoler toda la teoría, borrar lo que consideraba un mito filosófico.

El error de categoría

El gran error de Descartes, según Ryle, fue pensar que la mente y el cuerpo son cosas distintas pero del mismo tipo, que pertenecen a la misma categoría, agrupar la mente y el cuerpo del mismo modo que agrupamos los crisantemos, los azafranes y los narcisos en la categoría de las flores. Ryle llamó a este tipo de error un «error de categoría». Descartes, según Ryle, estaba confundido sobre qué tipo de cosa es la mente, a qué categoría pertenece.

Para ilustrar la idea de un error de categoría, Ryle nos pide que imaginemos que enseñamos a un visitante la Universidad de Oxford. (Ryle se educó y desarrolló su carrera académica en Oxford.) Podríamos mostrar a nuestro visitante la Christ Church, el campo de juego de Merton, la Radcliffe Camera, los elegantes claustros del New College y la Bodleian Library en el Old Schools Quadrangle. Ahora bien, si después de esta visita su visitante le preguntara: «¿pero dónde está la universidad?», su visitante estaría seriamente confundido sobre lo que es una universidad. La Universidad de Oxford no es algo más que sus edificios y jardines (Figura 3). Colocarla en la misma categoría que esas cosas -como un elemento más- es cometer un error de categoría.

Por supuesto, en cierto sentido, su visitante tiene razón. Si un tornado de nivel cinco arrasara el campus, barriendo los arcos góticos, las agujas de ensueño y los gruesos muros de piedra de Oxford, podríamos seguir manteniendo que la universidad perdura en sus es-

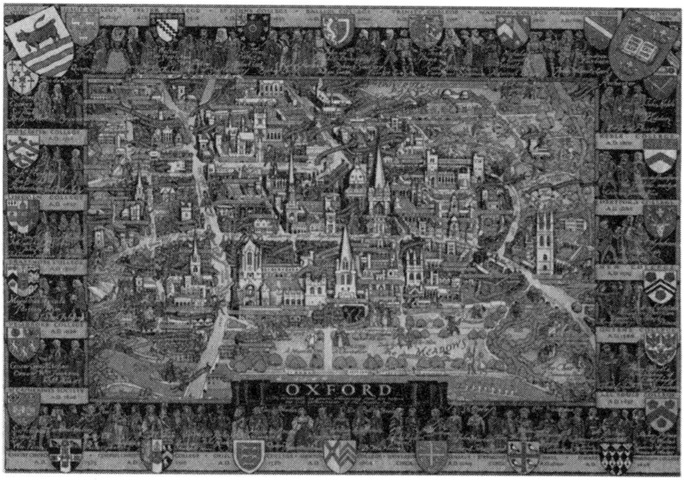

Figura 3. Mapa pictórico de la Universidad de Oxford, publicado en 1948, que destaca los edificios y terrenos de Oxford. Preguntarse por qué la Universidad no está representada como una estructura adicional sería, según Ryle, un error de categoría.

tudiantes, principios, organizaciones y estatutos. Sin embargo, la idea de Oxford que Ryle tenía en mente era Oxford como estructura arquitectónica. Después de una visita arquitectónica, has visto Oxford (como estructura arquitectónica), ya que como tal, Oxford no es más que la suma agregada de sus jardines paisajísticos y sus edificios señoriales. Pensar de otro modo –pensar que es algo así como uno de los edificios, aunque oculto en las sombras– es, según Ryle, como sentirse decepcionado por no haber conocido nunca a la familia media: la que tiene 2,4 hijos.

Ryle propone una prueba para identificar los errores de categoría: unir los términos relevantes con una «y»; si el resultado es absurdo, se ha cometido un error de categoría. A veces estos «errores» son intencionados. Por ejemplo, en Pickwick Papers, de Charles Dickens, el reverendo Sr. Stiggins, después de «haber tomado todo el ron de piña y el agua que le cabían en la boca, se quitó el sombrero y se despidió»; como no se quita el sombrero de la misma manera que se despiden, la conjunción ilustra un error de categoría. Lo mismo ocurre con la descripción que hace el narrador de la señorita Bolo, quien, tras exasperarse por la ineptitud del señor Pickwick para jugar a las cartas, se va «directamente a casa, en un torrente de lágrimas y en una silla de manos».

El tipo de error de categoría que Ryle atribuye a los dualistas, sin embargo, se comete sin saberlo, y la «broma» requiere un libro para explicarla. Pero la idea básica se puede transmitir brevemente. La afirmación «tengo una mente y un cuerpo» es absurda porque no se tiene una mente del mismo modo que se tiene un cuerpo. Del mismo modo que una universidad (como estructura arquitectónica) no es algo adicional a todos sus edificios y terrenos, la mente, según Ryle, no es algo adicional al funcionamiento del cuerpo. No hay pensamiento interior; no hay luz interior de la conciencia. Más bien, el pensamiento es simplemente comportarse de maneras características pensativas y la conciencia es simplemente comportarse de maneras característicamente conscientes (estás despierto, moviéndote, respondiendo, etc.). Lo mismo ocurre con las creencias: cuando uno mira por la ventana y cree que está lloviendo, no está ocurriendo algo en uno que sea como un proceso material, sólo que intangible; más bien, según Ryle, uno lleva a cabo una serie de comportamientos: se lleva un paraguas y se pone un chubasquero antes de salir. Tu creencia de que está lloviendo no es más que ese conjunto de comportamientos. Nuestras acciones son análogas a los edificios y terrenos de una universidad, mientras que la mente es análoga a la propia universidad, y el «gran error» del dualista es pensar que la mente y el cuerpo son dos cosas que caen bajo el epígrafe «partes de una persona».

Aunque Ryle rechazó el apelativo, su teoría de la mente suele clasificarse como una versión del conductismo porque entiende la mente como un conjunto de conductas. Según el conductista, no hay nada entre bastidores. Lo que se piensa es lo que se hace. Las actuaciones inteligentes manifiestas no son indicios del funcionamiento de las mentes», escribe Ryle, «son ese funcionamiento».

Variedades del conductismo

El conductismo es un punto de vista sobre la naturaleza de la mente: los estados mentales –creencias, deseos, emociones, etc.– son conjuntos de comportamientos. ¿Qué comportamientos? Los que los dualistas se limitan a asociar con lo que denominan «estados mentales». (Nótese que tal definición no es circular: los estados mentales se definen parcialmente no en términos de estados mentales, sino en términos de la frase «estados mentales»). Para el dualista, la inteligencia es un estado interior que provoca un determinado tipo de comportamiento (tal vez, plantear preguntas desafiantes, explicar soluciones novedosas a problemas difíciles, corregir los propios errores y perseverar incluso después de un aluvión de rechazos); por el contrario, el conductista identifica la inteligencia con este comportamiento.

Al menos así es como se entiende el término polisémico «conductismo» en filosofía de la mente. Fuera de los departamentos de filosofía, la teoría del conductismo se asocia generalmente con las opiniones de dos psicólogos estadounidenses del siglo XX: John B. Watson, que defendía el «conductismo metodológico», es decir, el precepto de que los datos para la psicología deben proceder únicamente del estudio de la conducta observable empíricamente, y B. F. Skinner, que desarrolló el «condicionamiento operante», que es un sistema de enseñanza mediante la administración de castigos y recompensas. Aunque el condicionamiento operante sigue siendo útil para comprender desde la adicción a los videojuegos hasta la eficacia de los «tiempos muertos» en la crianza de los niños, muchos psicólogos actuales ni se consideran conductistas ni dejan de investigar la memoria, la atención y otros estados mentales internos. No obstante, la metodología de la mayoría de los trabajos experimentales en psicología es conductista. Por ejemplo, los psicólogos pueden comparar el rendimiento de corredores a los que se les enseña a prestar atención a sus propios movimientos con el de corredores a los que se les enseña a prestar atención a la línea de meta. Aunque el objetivo de un estudio de este tipo podría ser comprender mejor cómo afecta a la carrera el proceso mental consciente de la atención, la metodología del estudio es conductista, ya que examina los efectos conductuales de distintos tipos de instrucciones.

El conductismo (la teoría filosófica de que la mente es conducta), aunque distinto del conductismo metodológico, está relacionado con él: si el conductismo filosófico fuera cierto y la mente fuera sólo un conjunto de conductas, el conductismo metodológico sería obligatorio (ya que no habría nada de la mente que estudiar aparte de la conducta). Pero se puede ser conductista metodológico sin aceptar que la naturaleza de la mente es sólo superficial; se puede pensar que al estudiar la mente sólo se puede estudiar la conducta sin sostener que la mente sólo es conducta.

Otras mentes y causalidad

La teoría filosófica del conductismo está motivada, en parte, por el deseo de evitar lo que se denomina «el problema de las otras mentes», que es el problema de especificar cómo se puede saber que alguien distinto de uno mismo tiene una mente. Este problema abarca una cuestión abordada en el Prefacio: ¿cómo sé que cuando ves verde tu experiencia no es como la que yo tengo cuando veo rojo? Pero la cosa no acaba ahí: ¿cómo sabe que cuando miro una manzana Granny Smith y exclamo: «¡Qué tono de verde tan brillante! ¿estoy experimentando algo? Ryle sostenía que responder a esta pregunta era especialmente difícil para alguien que pensara en la mente según las líneas cartesianas.

Descartes sostenía que casi todo es susceptible de duda. ¿Qué estás leyendo este libro? Podrías estar soñando que estás leyendo. ¿Qué dos más tres son cinco? Tal vez, algún genio malvado (o neurocientífico enloquecido) nos ha manipulado a todos para que pensemos que sí, cuando, en realidad, no es así. (¿Es posible, en principio, una situación así? Dejo que tú decida). Pero, según Descartes, no se puede dudar de que pensamos, porque el acto mismo de dudar es una forma de pensar; al dudar de que pensamos, nos afirmamos a nosotros mismos que lo estamos haciendo. En su opinión, tenemos un conocimiento directo e indubitable del contenido de nuestras mentes. Y a partir de esta *indubitabilidad*, estableció su propia existencia: cogito, ergo sum.

Sin embargo, cuando se trata de comprender a otras personas, sólo tenemos conocimiento de sus acciones –lo que hacen y dicen– y, aunque suponemos que otras personas tienen vidas interiores que guían sus acciones, sus vidas interiores nunca pueden ser observadas directamente por nosotros. El funcionamiento de una mente», como dijo Ryle, explicando el punto de vista de Descartes, «no puede ser presenciado por otros observadores; su carrera es privada». Por supuesto, hay pistas indirectas sobre las mentes de los demás. Según Descartes, la mente interior tiene efectos exteriores: una sensación de sequedad en la garganta (sensación que, según Descartes, se produce en la mente) hará que busquemos un vaso de agua. Sin embargo, ¿cómo podemos saber que esta conexión causal se produce en los demás? ¿Cómo podemos saber que la causa de que otra persona pida agua, o incluso diga que tiene sed, tiene algo que ver con su experiencia interior de la sed? Tú sabes que cuando te aventuras a ir a la fuente de agua, lo haces porque sientes sed, y sabes que el comportamiento y la neurofisiología de otras personas son muy similares a los tuyos. Por lo tanto, puedes tener la tentación de concluir que la causa de su comportamiento es muy parecida a la tuya. Sin embargo, este razonamiento se basa en la generalización a partir de un único caso: la propia experiencia. Generalizar a partir de un solo caso parece un ejemplo clásico de lo que los filósofos llaman «generalización precipitada». ¿Cómo sabes que no eres único?

Descartes tenía una respuesta a esta pregunta: podemos saber que los demás tienen mente porque Dios no nos engañaría haciéndonos creer que la tienen cuando en realidad son meros autómatas. Pero los conductistas no se conforman con una solución deus ex machina al problema de las otras mentes. No sólo es difícil discernir las intenciones del Todopoderoso, sino que los conductistas prefieren no apoyarse en Él/Ella/El en absoluto en las explicaciones filosóficas. Y no lo necesitan, ya que el conductismo, a diferencia del dualismo, no tiene el problema de las otras mentes. Al equiparar la mente con el comportamiento, los conductistas pueden determinar directamente si los demás tienen mente: si actúan de forma inteligente, son inteligentes; si actúan de forma displicente, son displicentes, y así sucesivamente. Nada se oculta a la vista; cuando se trata de sentimientos que normalmente pensamos que provocan vocalizaciones, del mismo modo que el dolor provoca el grito de «¡ay!», el conductismo implica que tus amigos pueden saber fácilmente lo que sientes, ya que el sentimiento es sólo la exclamación.

El conductismo no sólo elude el problema de otras mentes, sino que también evita la objeción de la princesa Elisabeth: que una mente inmaterial, no extendida, no puede entrar en contacto causal con un cuerpo extendido. Si, como sostiene el conductista, la mente no es más que el cuerpo en acción, entonces (incluso en el supuesto de que la causalidad requiera contacto) no hay ninguna brecha entre la mente y el cuerpo que deba salvarse. Es cierto que la mente y el cuerpo podrían entenderse como categorías diferentes: una, el cuerpo, es una cosa en el mundo, y la otra, la mente, es algo que esa cosa hace. Sin embargo, para explicar cómo, por ejemplo, el daño corporal nos hace sentir dolor (que en la imagen conductista no es más que el comportamiento característico asociado al daño corporal), el conductista sólo tiene que referirse a procesos anatómicos y fisiológicos: daño tisular, nervios enervados, contracciones musculares, etcétera.

Por último, el conductismo evita la opinión de Ryle sobre la dificultad de los dualistas con la causalidad. Aunque Ryle no argumenta que un relato dualista de la mente impida que ésta interactúe causalmente con el cuerpo, sí piensa que si el dualismo fuera cierto, la fuerza causal que media en los pinchazos y el dolor tendría que ser un extraño híbrido: ni inmaterial ni material, ni accesible a la introspección ni susceptible de investigación científica, ni de la mente ni del cuerpo; si el dualismo fuera cierto, nos dice, las relaciones causales no podrían ser otra cosa que «volantes teóricos que siempre van del fisiólogo al psicólogo y del psicólogo al fisiólogo». El conductismo, por el contrario, no necesita de tales bandazos, ya que el psicólogo es simplemente un fisiólogo enrarecido.

Superespartanos

A pesar de las ostensibles ventajas del conductismo sobre el dualismo, muchos han opinado que es una teoría insostenible, que ver la mente como comportamiento es como juzgar un libro por su cubierta: deja fuera todo lo que importa. Para entender por qué, pensemos en un mundo en el que revelar que uno sufre es el colmo de la mala educación. Desde muy pequeño te enseñan que gritar «¡ay!», apretar los dientes o mostrar cualquier indicio de dolor es descortés e inadmisible. Además, imagina que en este mundo todo el mundo ha desarrollado la capacidad de suprimir a voluntad sus reacciones al dolor. Cuando tienes migraña, te vas a trabajar en vez de pasarte la tarde tumbado en una habitación tranquila y oscura; cuando te rompes un hueso, te llevan a urgencias para que te lo curen, pero por el camino charlas con el equipo de la ambulancia. En este mundo imaginario, las personas sienten dolor –cuando tienen dolor, pueden informar tranquilamente de que, efectivamente, lo sienten–, pero suprimen todos los comportamientos típicos del dolor.

Hilary Putnam, la filósofa estadounidense del siglo XX que originó este experimento mental, señala que la existencia de tales «superespartanos» pone en tela de juicio el conductismo, pero no lo refuta, ya que los conductistas identifican la mente en términos tanto de comportamientos como de disposiciones a comportarse. Como explica Ryle, cuando describimos las características mentales de las personas, «no nos referimos a episodios ocultos de los que sus actos y expresiones manifiestos son efectos», sino que nos referimos a «esos actos y expresiones manifiestos en sí mismos» o a una «disposición, o a un complejo de disposiciones». Cuando Margo se enfada con su marido por haber cargado mal el lavavajillas, es una espartana porque se lo guarda para sí misma, pero está dispuesta a decir algo. Y lo mismo podría decirse del comportamiento de los superespartanos ante el dolor: siguen estando dispuestos a gritar «ay». Además, los superespartanos ocultan su dolor sólo en la mayor parte de los casos, ya que, cuando se les pregunta, pueden admitir que sienten dolor. Y, para el conductista, pronunciar la frase «Me duele», o incluso responder «Sí» a la pregunta «¿Te duele?», es una forma de conducta de dolor. Así pues, los superespartanos no son ejemplos de personas que puedan sentir dolor sin manifestar un comportamiento de dolor, por lo que el mundo de los superespartanos no rompe el conductismo.

Pero quizá los superespartanos no sean tan espartanos como podrían serlo. Imaginemos otro mundo: un mundo superespartano, en el que las costumbres sociales que prohíben comportarse con dolor son tan extremas que los habitantes de este mundo, lejos de estar dispuestos a expresar su dolor, están dispuestos a ocultarlo. Los individuos de este mundo pueden pensar que el dolor de riñón es intolerable; sin embargo, ni lo revelarían, ni estarían dispuestos a revelarlo. No obstante, sugiere Putnam, podrían saber lo que es el dolor y saber cuándo lo tienen. Si esta hipótesis tiene sentido, entonces el conductismo es realmente insostenible.

Pero ¿tiene sentido? ¿Sabrían los habitantes de una comunidad así lo que significa la palabra «dolor»? Si para entender un término hay que entender cómo se utiliza en una comunidad, entonces, dado que en el mundo superespartano no se utiliza ni el término «dolor» ni ninguna palabra o frase sinónima, se podría argumentar que los superespartanos ni siquiera podrían pensar que sufren dolor, ya que el concepto de dolor no tendría significado para ellos.

El maestro de Ryle, Ludwig Wittgenstein, ideó un experimento mental que a veces se interpreta como una demostración de que el escenario superespartano es incoherente. Wittgenstein nos pide que imaginemos una comunidad en la que todo el mundo lleva una caja, que considera que contiene algo; podría ser cualquier cosa, pero llamémoslo «escarabajo». Como nunca puedes mirar dentro de la caja de los demás, no puedes saber de primera mano si el contenido de tu caja es como el de la caja de los demás, ni siquiera si las cajas de los demás contienen algo. No obstante, los miembros de esta comunidad podrían aprender a decir cosas como «mi escarabajo tiene hambre ahora mismo» o «en qué escarabajo tan mono se está convirtiendo mi amor» y a responder adecuadamente al oír estas frases. Una conclusión que se puede extraer de este experimento mental es que nuestra capacidad para conversar sobre escarabajos depende de interacciones y comportamientos sociales externos, y no tiene nada que ver con lo que hay dentro de nuestra caja; el escarabajo, como dice Wittgenstein, queda fuera de la ecuación. Y lo mismo, sugiere Wittgenstein, ocurre con el término «dolor»: su significado no está determinado por un sentimiento interior –el escarabajo–, sino que sólo puede adquirir significado a través de un comportamiento públicamente observable. Si la explicación de Wittgenstein sobre el significado lingüístico es correcta –si no puede haber un «lenguaje privado», un lenguaje que se refiera a algo a lo que sólo uno tiene acceso–, no puede haber un mundo superespartano.

En el Prefacio, sugerí que los experimentos de pensamiento en filosofía pretenden ser claros y unívocos. Sin embargo, el experimento mental del escarabajo en una caja de Wittgenstein es, quizá intencionadamente, multivocal. Así pues, te dejo que descifres y determines qué argumento es preferible: ¿El argumento de Putnam de que el conductismo no tiene sentido porque el super-super-espartanismo es posible o el argumento de Wittgenstein –si este es de hecho su punto– de que el término «dolor» adquiere significado sólo por su uso en una comunidad?

Disposiciones

Según algunos, el conductista se enfrenta a un enemigo más formidable que los espartanos, por muy superiores que sean. Este enemigo es el problema de dar sentido a la concepción conductista de las disposiciones. ¿Qué es una disposición? Parece que si estás dispuesto a gritar de dolor cuando te hieren, entonces tienes una tendencia a hacerlo. Sin embargo, las tendencias parecen más internas e invisibles que el comportamiento, como la mente cartesiana que Ryle ridiculiza.

La respuesta de los conductistas es que las disposiciones no son más que ciertos conjuntos de enunciados condicionales verdaderos o «si-entonces»: todo lo que se quiere decir al afirmar que uno está dispuesto a gritar «ay» es que la frase «si tuviera la capacidad de gritar *ay*, entonces lo haría» es verdadera. Por ejemplo, consideremos la aterradora aflicción conocida como «síndrome de encierro». Se cree que las personas con este síndrome son plenamente conscientes, pero incapaces de moverse o expresarse de ninguna manera; pueden sentir terror, pero son incapaces de demostrarlo. Esto puede parecer un desafío para el conductismo. Sin embargo, si las disposiciones no son más que ciertos conjuntos de afirmaciones verdaderas de si-entonces, un conductista puede decir que cuando los individuos encerrados están aterrorizados, están dispuestos a temblar; en otras palabras, es cierto que si no estuvieran encerrados, temblarían.

Y, sin embargo, cabe preguntarse qué hace que las afirmaciones si-entonces del conductista sean verdaderas. Lo que hace cierta la frase «si el vaso se cayera, se haría añicos» es que el cristal tiene una estructura amorfa desordenada. De forma análoga, parece que si es cierto que un individuo encerrado está aterrorizado, entonces algo –distinto del comportamiento– debe hacer cierto que está aterrorizado. Sin embargo, a los conductistas no les interesa qué es ese algo, ya que para ellos la sensación de terror no es más que el comportamiento o la disposición a comportarse de determinada manera; lo que fundamenta los comportamientos y las disposiciones es irrelevante, en su opinión, para la cuestión de si alguien experimenta terror.

Una visión de compromiso

Mientras que el experimento mental de Putnam intenta desacreditar el conductismo ilustrando la posibilidad de una sensación interna sin su comportamiento característico, se podría argumentar, en cambio, que el comportamiento típicamente asociado a una sensación interna concreta puede producirse sin la sensación. A pesar del método Stanislavsky, los actores se comportan como si sintieran dolor. Por supuesto, el dolor dramatizado no se parece del todo al real: cuando se baja el telón en *Espectros*, de Henrik Ibsen, la Sra. Alving, una mujer normalmente elocuente, se queda agarrada a un frasco de pastillas de morfina gritando: «¡No, no, no!... Sí... No, no!»; sin embargo, en cuestión de segundos, la actriz sonríe mientras hace una reverencia. Alguien que esté realmente atormentado no sonreiría tan fácilmente. De hecho, el conductista podría argumentar que el actor que interpreta a la Sra. Alving, aunque actúa como si estuviera atormentada, no está dispuesto a actuar como si lo estuviera; la actuación, como señaló el filósofo y crítico de arte francés del siglo XVIII Denis Diderot, no es natural; en lugar de estar dispuestos a comportarse como lo hacen en el escenario, los actores deben presentarse deliberadamente de tal manera que produzcan el efecto deseado en el público.

A pesar de estas respuestas, muchos siguen considerando inverosímil una explicación conductista del dolor y otras sensaciones. ¿Y la inteligencia? Cuando una persona dice que siente un dolor corporal intenso, siempre que no intente engañarnos, solemos aceptar lo que dice. Por decirlo en lenguaje filosófico, el dolor –el dolor corporal, aunque no necesariamente el psicológico– parece ser algo sobre lo que tenemos «autoridad en primera persona»: tú sabes mejor que nadie si te duele la cabeza o la espalda. Como a veces se explica la autoridad en primera persona, si crees que te duele algo, es que te duele. Sin embargo, la idea de que si uno cree que es inteligente, entonces es inteligente, no es tan convincente; porque aunque no sería muy agradable, al menos tiene sentido decirle a alguien: «Puede que te creas inteligente, pero no lo eres.» En efecto, si tomamos a Sócrates como modelo, el verdadero signo de la sabiduría es pensar que no se sabe nada.

No está claro que un experimento mental superespartano pueda refutar el conductismo sobre la inteligencia. Imaginemos un individuo, al que llamaré Z, que no muestra signos de ser un genio; digamos que Z ha sido sometido a pruebas exhaustivas pero su rendimiento está por debajo, a veces incluso muy por debajo, de la media en todas las habilidades cognitivas, y por si acaso Z sufre ansiedad ante los exámenes, digamos que Z ha sido, desde su nacimiento, observado en secreto y no ha dado señales de ser capaz de realizar tareas cognitivas complejas. ¿Es razonable pensar que Z podría, no obstante, ser un genio? Si se le pregunta a Z: «¿Eres listo? Z responderá –quizá mientras intenta abrir un bote de pepinillos con una llave inglesa–: «Sí, soy muy listo». Pero, a diferencia del dolor, podría decirse que Z no es la autoridad en la materia. Quizá con la inteligencia, lo que haces es lo que eres: si no actúas con inteligencia, entonces no eres inteligente.

Una de las primeras formulaciones del conductismo sobre la inteligencia se encuentra en los escritos del filósofo alemán del siglo XIX Georg Wilhelm Friedrich Hegel: «cuando se contrastan el rendimiento y la posibilidad, capacidad o intención interior de una persona», nos dice, «es sólo el primero el que debe considerarse verdadero». Para determinar la inteligencia, debemos fijarnos en el rendimiento, no en la luz interior. Hegel también nos advierte de que no debemos creer a quienes afirman ser algo distinto de lo que revelan sus actos, y considera especialmente molesto al fanfarrón que «se imagina que en su fuero interno es algo distinto de lo que es en los hechos», al igual que ese Supremo Conductista que aconseja: «por sus frutos los conoceréis».

De hecho, en contraste con la teoría de la luz interior, una explicación conductista de la inteligencia podría ser no sólo teórica, sino también prácticamente preferible. Las investigaciones realizadas por la filósofa contemporánea Sarah-Jane Leslie y sus colegas indican que, a la hora de tomar decisiones de contratación, los filósofos tienden a valorar la «inteligencia bruta», y la valoran más que otros académicos. Este valor, argumenta, puede explicar en parte por qué las mujeres y las minorías están infrarrepresentadas en la filosofía, ya que al tomar decisiones basadas en si un individuo es brillante en el sentido de la luz interior, uno se deja influir fácilmente por estereotipos inexactos. En cambio, las disciplinas que tienden a basarse más en los logros (comportamiento) suelen tener prácticas de contratación más equitativas.

Sin embargo, considerar que una persona no es inteligente porque no actúa de una determinada manera plantea sus propios problemas. Para un niño que no ha sido bendecido con una educación adecuada, una simple explicación conductista de la inteligencia que la alinee exclusivamente con el rendimiento puede no ser la decisión correcta. Y hay otro problema: no está nada claro qué comportamientos deberían contar como captación de la inteligencia. Tal vez los músicos o bailarines excepcionales deban considerarse muy inteligentes independientemente de su rendimiento en las pruebas convencionales de inteligencia. Además, lo que indica que eres inteligente en una cultura puede indicar justo lo contrario en otra. El conductista puede responder al primer problema contextualizando su concepto de comportamiento: lo que importa no es el comportamiento en sí, sino el comportamiento en relación con el entorno. El segundo problema es bastante más controvertido.

¿Y otros estados mentales? Ying afirma que desea fervientemente mejorar su juego de ajedrez. Pero si nunca repasa partidas anteriores, memoriza aperturas o juega con frecuencia, podríamos inclinarnos a pensar que está equivocada sobre lo que quiere. Raj cree que es tímido, pero sabemos que no lo es por su comportamiento extrovertido. Su gerente está convencida de que es ingeniosa, pero se equivoca porque nunca hace comentarios ingeniosos. Que el deseo, la timidez o el ingenio pueden ser mejor comprendidos por observadores bien informados que por quienes los padecen es lo que predeciría una teoría conductista de la mente.

Sin embargo, si el conductismo sólo es una explicación viable de algunos de nuestros procesos mentales, necesita un complemento. Y si uno rechaza el dualismo, necesita otra teoría de la mente que sirva para este propósito auxiliar.

3

FISICALISMO

Actualmente se cree que el universo comenzó hace unos 13.700 millones de años, expandiéndose a partir de un minúsculo punto de densidad casi infinita. En apenas 10-43 segundos, en un ambiente insondablemente caliente, las fuerzas fundamentales comenzaron a separarse, con la gravedad a la cabeza, seguida rápidamente por las fuerzas fuerte, débil y electromagnética. Al cabo de una millonésima de segundo, durante un breve pero vigoroso periodo de reorganización continua, los quarks se agregaron en nucleones y, al cabo de entre uno y diez minutos, la temperatura descendió demasiado para permitir la producción de neutrones y se formaron los núcleos simples. Pasaron unos 380.000 años antes de que se formaran los primeros átomos. Estos primeros átomos eran casi exclusivamente hidrógeno y helio, que, en grandes cantidades, cayeron juntos debido a la gravedad para crear las brillantes fábricas nucleosintéticas (estrellas) que produjeron todos los demás elementos de la tabla periódica. Y alrededor de los 9.200 millones de años se formó el sistema solar. Se cree que la vida en la Tierra comenzó mil millones de años después, tal vez surgiendo en respiraderos alcalinos submarinos, y en un par de miles de millones de años más evolucionaron las células eucariotas, desarrollándose la vida multicelular en otros mil millones de años aproximadamente. Cientos de millones de años más tarde, hace aproximadamente 4 millones de años, los humanos empezaron a evolucionar a lo largo de las verdes sabanas del este de África. ¿Dónde aparece la mente? Si examináramos detenidamente cada paso de la progresión desde el nacimiento del universo hasta la existencia de la vida humana en la Tierra, ¿descubriríamos que las mentes fueron un ingrediente extra, añadido al universo más o menos en el momento en que evolucionaron las criaturas sensibles? ¿O es que la complejidad del cerebro introdujo las mentes de forma gratuita? ¿O es posible que las fuerzas mentales –aunque de forma primitiva– existieran desde el principio? En términos generales, la teoría filosófica del fisicalismo sostiene que la explicación de cómo surgieron las mentes no difiere de la explicación de cómo surgieron los ríos, los árboles, las montañas y los prados. La mente no fue algo extra, añadido al principio o en algún punto del camino; más bien, a partir de la reserva de ingredientes físicos básicos que componen al ser humano –principalmente oxígeno, hidrógeno, nitrógeno, carbono, calcio y fósforo– todo lo que se necesitó fue la cocción.

El fisicalismo –a veces denominado «materialismo»– se opone frontalmente al dualismo de Descartes, que sostiene que la mente inmaterial, o alma, es un ingrediente adicional, traído al mundo por Dios en el momento de la concepción. Según Descartes, a diferencia de la introducción de la mente, la aparición de todas las demás características del mundo sublunar admite una explicación científica. En efecto, en las *Pasiones del alma*, Descartes pretende incluso dar una explicación científica del modo en que el alma, una vez introducida, se une al cuerpo: la sangre caliente del corazón, según su hipótesis, hace que el alma ame al cuerpo («c»est a dire, l»aymoit»), entrelazándose ambos hasta que el cuerpo pierde su calor al morir, momento en que el alma pierde interés. No se necesitaba a Dios para unir el alma al cuerpo, la energía térmica era suficientemente atractiva. Sin embargo, Dios era necesario para crear el alma, lo que hace que el dualismo de Descartes sea contrario al fisicalismo.

Para el fisicalista, la ayuda divina no se produce ni al principio del universo, cuando Dios pone en movimiento las partículas mentales junto con las no mentales, ni en algún momento del proceso, cuando Dios añade las mentes en el momento de la concepción. El fisicalista cree que, aunque nuestro conocimiento de la creación y la evolución del universo es incompleto, sabemos lo suficiente para saber que Dios no está trabajando entre bastidores. Todo lo que existe hoy -incluidas las mentes humanas- surgió, según el fisicalista, en virtud de los reordenamientos e interacciones entre las partículas y fuerzas físicas que surgieron tras el nacimiento del universo. En respuesta a la pregunta de Napoleón sobre el lugar de Dios en su teoría de 1796 sobre los orígenes del sistema solar, el matemático francés Pierre-Simon Laplace declaró supuestamente: «No necesito esa hipótesis»; el fisicalista tampoco necesita a Dios para explicar cómo llegó la conciencia al mundo. El mundo, según el fisicalista, no consiste más que en cosas y fuerzas físicas.

Del conductismo a la teoría de la identidad

El fisicalismo es una teoría sobre la naturaleza general del mundo; afirma que todo, desde las partículas hasta las personas, desde los sistemas multiestelares hasta los videojuegos multijugador, es físico. Y puesto que la mente se considera la mayor némesis del fisicalismo, el principal reto para los fisicalistas es demostrar cómo la mente se asienta cómodamente en el mundo físico.

¿Cómo puede llevarse a cabo esta tarea? En el capítulo anterior se presentó una teoría que pretende ofrecer una explicación física de la mente: el conductismo. Según los conductistas, la mente se entiende en términos de comportamiento. La inteligencia no es una luz interior que nos hace resolver ecuaciones diferenciales y recitar pasajes poéticos. Es simplemente hacer esas cosas o, al menos, tener la propensión a hacerlas en las circunstancias adecuadas. Dado que el comportamiento que se adopta al resolver ecuaciones diferenciales o recitar poesía comprende exclusivamente movimientos físicos del cuerpo, el conductismo es una forma de fisicalismo.

Sin embargo, en el último capítulo vimos que, aunque el conductismo puede ser una explicación plausible de algunos estados mentales, muchos filósofos piensan que no lo es de todos los estados mentales. Putnam, recordemos, argumentó que uno puede reprimir su comportamiento de dolor, posiblemente hasta tal punto que ni siquiera se sienta inclinado a revelarlo. En general, se cree que el conductismo deja de lado un aspecto crucial de la mente, a saber, nuestra capacidad para experimentar nuestros propios estados mentales desde un punto de vista de primera persona.

El filósofo británico-australiano J. J. C. Smart escribió en 1959 sobre otro problema potencial del conductismo: no todos los estados mentales están asociados a comportamientos característicos. Pensemos en lo que ocurre cuando se experimenta una imagen amarillenta y anaranjada después de mirar fijamente una luz azul brillante. Según Smart, este tipo de experiencias no están asociadas a ningún comportamiento característico; por ejemplo, es probable que no siempre, o quizá nunca, intente cogerla, ni esté dispuesto a hacerlo. Si la percepción de imágenes posteriores no está asociada a ningún comportamiento característico, y si las percepciones de imágenes posteriores son parte del mobiliario de la mente, el conductismo no puede ser una explicación completa de la mentalidad. ¿Cómo debemos entender las imágenes posteriores? Mientras que el dualista dirá que las imágenes posteriores son algo inmaterial, Smart las entiende como procesos cerebrales. Mi experiencia de ver una imagen amarillenta y anaranjada es idéntica a la actividad neuronal de mi cráneo. De hecho, según la «teoría de la identidad» de Smart, las experiencias sensoriales son procesos cerebrales. Después de darse un golpe en el dedo del pie, puede tener la sensación de que el dolor que experimenta está en el dedo, pero según la teoría de la identidad, estaría equivocado. Según la teoría de la identidad, el dolor está en el cerebro, ya que el dolor no es más que un determinado tipo de actividad neuronal. Un neurocirujano que se asomara a tu cráneo podría ver tu dolor -no sólo los procesos neuronales que lo causan, sino el dolor mismo- y podría tocarlo con un bisturí. Y si el dolor fuera tan cegador que te hiciera ver estrellas, entonces (puesto que la experiencia de ver estrellas es, según la teoría de la identidad, algo que ocurre en el cerebro) el neurocirujano, al observar tu cerebro, también podría ver tu experiencia de esas estrellas.

El concepto de identidad en cuestión es la identidad numérica: los procesos neuronales que puede observar un neurocirujano (denominados «procesos n») son la misma cosa que tu experiencia del dolor en el sentido de que C# y D♭ son la misma tecla del piano. Aunque el contexto en el que usamos los términos o frases puede diferir, una tecla C# no puede existir en un teclado completo sin su correspondiente D♭ (y viceversa); del mismo modo, afirma el teórico de la identidad, el dolor no puede existir sin n-procesos (y viceversa).

El apoyo a la teoría de la identidad procede en parte de analogías con reducciones científicas exitosas. Dado que la ciencia ha revelado que el rayo no es más que una descarga eléctrica, el agua no es más que H_2O y el gen no es más que ADN, hay buenas razones para pensar, argumenta el teórico de la identidad, que la ciencia va a que las imágenes amarillentas y anaranjadas y otros procesos mentales no son más que estados cerebrales.

Este razonamiento analógico se ve reforzado, según Smart, por la «navaja de Ockham», una heurística para la práctica científica –bautizada así en honor del fraile franciscano del siglo XIV Guillermo de Ockham, de quien se cree que concibió la idea– que nos dice que cuando hay dos (o más) teorías que explican los datos empíricos, deberíamos preferir la teoría más simple. Por ejemplo, el modelo heliocéntrico del sistema solar de Copérnico y el modelo geocéntrico de Ptolomeo hacían predicciones exactas sobre el movimiento de los cuerpos celestes. Sin embargo, el modelo geocéntrico era, en muchos sentidos, más complicado, con sus numerosos subepiciclos y órbitas planetarias no uniformes. Así, una aplicación de la navaja de Ockham nos conduce al modelo copernicano del sistema solar. Según Smart, la navaja de Ockham también debería llevarnos a preferir la teoría de la identidad al dualismo, ya que éste requeriría leyes científicas adicionales que vincularan las sensaciones inmateriales a los procesos cerebrales. Tales leyes, afirma, no se parecen a ninguna de las que conocemos, y tienen «un extraño *olor* a ellas» y de las que es mejor prescindir.

Por supuesto, el argumento de Smart sólo tiene éxito si las analogías son adecuadas, y hay quien sostiene que no lo son porque la mente es significativamente diferente del rayo, el agua, el gen y otras entidades supuestamente reducidas. Sin embargo, el teórico de la identidad considera que esta objeción es dogmática. Ciertamente hay diferencias entre la mente y esas cosas. No sólo cualquier cosa es diferente de cualquier otra, sino que la mente puede ser más compleja que el rayo, el agua y similares. Pero nada de esto, argumenta el teórico de la identidad, indica que la reducción sea imposible. De hecho, señalan, cada día estamos más cerca de reducir la mente al cerebro. Los científicos han descubierto que las personas deprimidas tienen niveles reducidos del neurotransmisor serotonina, que la esquizofrenia parece estar relacionada con alteraciones en los neurotransmisores dopamina, glutamato y norepinefrina (noradrenalina), y que las alteraciones en la capacidad de la corteza prefrontal para comunicarse con otras áreas del cerebro subyacen al trastorno obsesivo-compulsivo. Sin duda, aún estamos lejos de comprender plenamente la enfermedad mental en términos neurológicos, pero los teóricos de la identidad creen que estamos lo suficientemente cerca como para confiar en que la enfermedad mental, así como todos los demás procesos mentales, son reducibles a, no son otra cosa que, procesos neuronales localizados o distribuidos.

Los dualistas, por supuesto, rechazan la teoría de la identidad. Pero se puede rechazar la teoría de la identidad sin aceptar el dualismo. Un fisicalista podría rebatir a Smart argumentando que sus supuestos ejemplos de reducciones no son en realidad ejemplos de reducciones; no son ejemplos de casos en los que dos cosas aparentemente distintas son en realidad la misma cosa. Hay muchos casos de descarga eléctrica que no son casos de relámpago: la chispa entre el dedo y el pomo de la puerta, las chispas generadas por una tormenta de polvo o un generador Van de Graaff, los destellos rojizo-anaranjados en la alta atmósfera, llamados «sprites». Del mismo modo, un vaso de agua incluye sustancias que no son H_2O –el agua del grifo norteamericano suele contener calcio, magnesio sodio y otros minerales, además de H_2O– y aunque digamos que el Gran Lago Salado es una masa de agua, un bebé humano está compuesto por un mayor porcentaje de H_2O. Además, aunque hubiera bloques de hielo tan puros que no contuvieran nada más que H_2O, si pidieras un vaso de agua y sólo te dieran este hielo, te sentirías justificadamente decepcionado. Y en cuanto a la identidad entre el gen y el ADN, entre los genes hay largas secuencias de ADN. En sentido estricto, al menos, los ejemplos estándar que los teóricos de la identidad ofrecen como ejemplos de reducciones exitosas no son en realidad reducciones y, por tanto, no pueden servir para ilustrar la afirmación del teórico de la identidad mente-cerebro.

Sin duda, los teóricos de la identidad responderán que cuando establecen una analogía entre la reducción mente-cerebro y, por ejemplo, la reducción de los genes a ADN, sólo están hablando de forma abreviada y que el análogo correcto sería mucho más complejo. Sin embargo, una vez expuestas las complejidades, pueden surgir disputas intestinas entre los científicos; por ejemplo, existe un debate sobre si el gen se reduce exclusivamente a la secuencia de ADN transcrita a ARN o a todo el ADN implicado en este proceso de transcripción, incluidos potenciadores y promotores que podrían estar completamente separados de la secuencia que se transcribe. Y esas disputas pueden viciar la afirmación de los teóricos de la identidad de que basta con mirar a la ciencia para esclarecer la forma en que la mente es reducible al cerebro.

Realización múltiple

El pulpo gigante del Pacífico tiene un cerebro central y cerebros en cada uno de sus ocho brazos. La estructura neuronal de un pulpo le permite atacar a sus presas, percibir su entorno e incluso resolver laberintos. Sin embargo, la forma en que lo hace difiere de la forma en que nuestros cerebros nos permiten cazar, percibir y resolver problemas. Si el dolor se identifica como actividad neuronal en regiones específicas de un cerebro humano, y el cerebro de los pulpos careciera de esas regiones, los teóricos de la identidad tendrían que concluir que los pulpos no pueden sentir dolor. Y ésta es una conclusión que muchos no están dispuestos a aceptar.

La idea de que los pulpos y otras criaturas puedan compartir algunos de nuestros estados mentales sin compartir nuestros estados neuronales subyacentes ha llevado a considerar que los estados mentales son «realizables de forma múltiple». La realización múltiple del dolor, por ejemplo, significa que en diferentes especies, el mismo tipo de dolor puede tener diferentes firmas neuronales. Dado que la teoría de la identidad de Smart no permite la realización múltiple, la teoría de la identidad, se argumenta, debe ser errónea.

Sin embargo, los teóricos de la identidad tienen su propio análisis de la situación. Sí, la firma neural del dolor se mostrará de forma diferente en las distintas especies, pero cuando se complete el relato neurocientífico, descubriremos que esos estados neurales denominados «diferentes» son estructuralmente lo bastante similares como para contar como el mismo tipo de estado. Aunque mi cerebro se ilumine en el lado derecho de la cabeza y el de los pulpos en el brazo izquierdo, lo que ocurre es lo suficientemente similar como para considerarse un mismo proceso cerebral. O el teórico de la identidad podría argumentar que el dolor del pulpo en sí es probablemente muy diferente del dolor humano, por lo que cabría esperar que tuviera una firma neural diferente. De hecho, cabría esperar que distintos tipos de dolor –agudo, sordo, térmico– tuvieran firmas neuronales diferentes incluso dentro de la misma persona. Por tanto, la teoría de la identidad sigue en pie.

¿O no? Algunos argumentan que, incluso si la teoría de la identidad pudiera explicar el dolor en los seres humanos, los cefalópodos y todas las demás criaturas, grandes y pequeñas, de este planeta, la teoría de la identidad se ve cuestionada por la posibilidad de que haya criaturas en otros lugares del universo que se comporten como si sintieran dolor, pero que no tengan nada en el cerebro, si es que lo tienen, que pueda considerarse razonablemente como el mismo tipo de proceso que se produce en las criaturas terrestres cuando sentimos dolor. La teoría de la identidad implica que tales extraterrestres son incapaces de sentir los tipos de dolor que nosotros sentimos. Sin embargo, si estos individuos se comportaran como lo hacemos nosotros cuando sufrimos, tratarlos como si fueran insensibles, argumentan algunos, que no pueden sentir dolor, sería inmoral.

Pero ¿y si estamos solos en este vasto universo? Algunos filósofos sostienen que la teoría de la identidad puede verse cuestionada incluso por la mera posibilidad de que existan extraterrestres conscientes que experimenten dolor, con cerebros llenos de intrincados remolinos de sustancia verde, o, para el caso, por mentes creadas artificialmente por ordenador. Los detractores de la teoría de la identidad sostienen que la teoría no podría explicar ninguno de estos tipos de mentes. Estos críticos no quieren necesariamente renunciar al fisicalismo; sólo quieren una teoría física de la mente que permita que el dolor y otros estados mentales se manifiesten en cerebros humanos, brazos de pulpo, gelatina alienígena, unidades de procesamiento informático y otras cosas.

Quizá se podría decir que el dolor humano es idéntico a las áreas cerebrales relevantes para el dolor en los humanos, el de los pulpos idéntico a las áreas cerebrales (ampliadas) relevantes para el dolor en ellos, el de los alienígenas a la sustancia viscosa verde, etcétera. Pero ¿qué hace que todas estas características corporales dispares cuenten como dolor? La respuesta natural es que todos duelen, pero el teórico de la identidad no tiene el dolor como un concepto distinto al que se pueda recurrir para explicar qué hace que la sustancia viscosa alienígena, las áreas cerebrales relevantes para el dolor en los humanos, etc. cuenten como dolor. Parece que hay que decir algo más.

Funcionalismo

El funcionalismo es una teoría de la mente que permite la realización múltiple de estados mentales y dice algo sobre por qué las áreas cerebrales relevantes para el dolor en los humanos, las áreas cerebrales relevantes para el dolor (ampliadas) en los pulpos y la sustancia viscosa verde alienígena pueden estar todas asociadas con el dolor. Con respecto al dolor, el funcionalismo, en una encarnación de la teoría (hay muchas encarnaciones), es la opinión de que el dolor es cualquier sustrato –ya sea materia neural gris o gelatina verde– que reacciona ante un daño corporal (ese desafortunado golpe en el dedo del pie cuando te lo golpeaste) y provoca un comportamiento de dolor (maldecir, quizá) y otros estados mentales (como la creencia de que te duele algo), estados que a su vez reciben una descripción funcional. En otra versión, la red causal se especifica en términos de actividad neuronal. Por supuesto, la red causal en la que interviene el dolor es muy compleja, ya que el dolor puede estar causado por multitud de factores y provocar multitud de efectos. La idea clave del funcionalismo –y un denominador común de ambas teorías– es que el dolor es el centro de una red causal.

Esta idea clave puede entenderse en términos de una novela policíaca. Un detective puede descubrir muchos detalles sobre un asesinato: El terrateniente D fue hallado muerto en su casa de campo a las 23.00 horas; se encontraron restos de veneno en sus labios; la puerta trasera que da directamente a la cocina parece haber sido forzada después de que el ama de llaves se marchara a las 22.00 horas; se encontraron huellas dactilares que no pertenecen ni al terrateniente D ni al ama de llaves en la taza de té de D, que también dio positivo en cianuro; se encontraron huellas frescas de zapatos del número 11 que salían de la puerta trasera y cruzaban la calle. El detective, por tanto, busca a un individuo que pueda encajar con las pistas, un individuo con zapatos del número 11, huellas dactilares con un patrón que coincida con las encontradas en la taza de té, familiaridad con el cianuro y sin coartada para el momento del asesinato. Al igual que el asesino (quienquiera que resulte ser) debe ajustarse a esta descripción, el dolor (ya sea la actividad en el área p, en el área q o en la sustancia viscosa verde) debe ajustarse a una determinada descripción que especifique lo que hace: es lo que provoca gritos, está causado por ciertos tipos de daños corporales y puede causar otros estados mentales, como la ira hacia la persona que te causa dolor. En otras palabras, el dolor, según el funcionalista, es lo que satisface una determinada historia, o «papel causal». Mientras que la teoría de la identidad dice que el dolor es la realización neural de este papel en los humanos, el funcionalismo deja abierta la realización: el dolor es lo que se ajuste a la historia.

Aunque los filósofos que se autodenominan funcionalistas suelen ser también fisicalistas, el funcionalismo en sí es neutral entre los planteamientos fisicalistas y no fisicalistas de la mente. El funcionalismo es una forma de fisicalismo cuando el estado que media entre la entrada de un daño corporal y la salida de un grito es un estado físico, como un estado cerebral. Pero la teoría del funcionalismo no impide que el alma inmaterial sea identificada como el asesino, por así decirlo. Por lo tanto, si los humanos tienen almas inmateriales, una explicación funcionalista del dolor especificaría que el dolor es el estado del alma causado por un daño corporal que hace que uno grite y crea que sufre. El funcionalismo se presenta a sí mismo como la síntesis de lo mejor del conductismo y de la teoría de la identidad, tomando prestada del conductismo la idea de que los estados mentales están estrechamente relacionados con nuestro comportamiento y de la teoría de la identidad la idea de que la mente es un estado interno. Los funcionalistas también creen que su punto de vista deja atrás lo que está mal en estas teorías: a diferencia del conductismo, la conexión entre mentalidad y conducta no es tan estrecha como para impedir que la experiencia de las imágenes posteriores cuente como estados mentales, y a diferencia de la teoría de la identidad, el funcionalismo permite mentes extraterrestres y artificiales. Debido a estas virtudes, la teoría funcional de la mente es muy popular entre los filósofos.

Chovinismo y liberalismo

A pesar de su popularidad, se ha cuestionado hasta qué punto el funcionalismo aventaja al conductismo y a la teoría de la identidad. Según el filósofo estadounidense Ned Block, la ventaja del funcionalismo sobre las teorías competidoras se ve atenuada por el hecho de que el funcionalismo es demasiado liberal: aunque permite la realización múltiple de estados mentales de una forma que la teoría de la identidad no permite, acaba atribuyendo estados mentales a cosas que, según él, claramente no los tienen.

Imaginemos un futuro en el que la población mundial, enormemente expandida, está gobernada por un único líder, el líder de la nación mundial, e imaginemos que este líder decreta que durante una hora, el 1 de enero, la nación celebrará el año nuevo poniendo en marcha el programa funcional de la alegría: alrededor de 100.000 millones de personas realizarán el trabajo de las neuronas enviando mensajes de texto a otras neuronas (personas) a un ritmo de entre cinco y cincuenta mensajes por segundo, mientras que otros 80.000 millones de personas, más o menos, asumirán funciones de apoyo como células gliales, las células que mantienen a las neuronas en su lugar y las ayudan a funcionar como es debido. Durante una hora, toda la humanidad actuará de forma isomórfica, en aspectos relevantes, a los patrones de disparo de las células cerebrales de alguien que experimenta alegría. En el momento álgido de la celebración, el líder mundial, que había sido un mero observador de la actividad, se somete a una operación en la que se le extirpa el cerebro y todas sus terminaciones nerviosas sensoriales y motoras se configuran vía wi-fi para recibir salida y proporcionar entrada a esta nación-cerebro. Si el funcionalismo es cierto, el líder mundial sentiría ahora alegría. Block argumenta, sin embargo, que esto es absurdo. No sólo ninguno de los individuos que realizan las tareas, que son extremadamente aburridas, experimenta alegría, sino que, según Block, las naciones, incluso las naciones-mundo conectadas al cuerpo de su líder, no son el tipo de cosas que podrían contar como alegría o ser la realización funcional de la alegría. Así pues, el funcionalismo, argumenta Block, es culpable de liberalismo.

Además, cualquier ajuste a la teoría que un funcionalista pudiera hacer para evitar el liberalismo, argumenta Block –especificando, quizá, que la comunicación entre «neuronas» se lleve a cabo no sólo mediante señales eléctricas sino también mediante neurotransmisores químicos– conducirá a una teoría culpable de «chovinismo», una teoría que no atribuirá alegría u otras propiedades mentales a criaturas que claramente las tienen. Incluso la explicación funcional que permitiera que un mundo-nación diera lugar a la alegría podría excluir indebidamente de dicha felicidad a criaturas sin nada que sea funcionalmente isomorfo a las neuronas y las células gliales.

¿Es el funcionalismo, se entienda como se entienda, incapaz de evitar las Escila y Caribdis del chovinismo y el liberalismo? ¿Podría el mundo-nación tener realmente una mente? ¿Podría existir una teoría funcional de los estados mentales que discriminara adecuadamente sin ser discriminatoria, una teoría que diera en el clavo, una teoría Ricitos de Oro[2] que no fuera ni demasiado abstracta ni demasiado específica? Los filósofos se enfrentan a estas cuestiones.

Misterianismo y eliminativismo

Para los fisicalistas que rechazan la teoría de la identidad y creen que el funcionalismo dejará a Ricitos de Oro con las ganas, hay otras opciones. Por ejemplo, los llamados «misterianos» piensan que la mentalidad es física, pero también que está más allá de nuestro conocimiento saber cómo es física; los conceptos mentales y los conceptos físicos son tan radicalmente diferentes, sostienen los misterianos, que no podemos concebir cómo la mente podría ser un bulto de materia gris aunque sea tal bulto. Otros piensan que la razón por la que no podemos explicar la mentalidad en términos físicos es que nuestro concepto de mentalidad es irremediablemente confuso; de hecho, piensan que es tan irremediablemente confuso que debería desecharse. Este punto de vista se denomina «eliminativismo». El mundo es totalmente físico, dice el eliminativista, pero no hay necesidad de averiguar

2 El principio *Ricitos de Oro* (del inglés «*The Goldilocks principle*») hace referencia a un efecto aplicable a diversos campos teóricos, entre ellos la ciencia cognitiva y la psicología, según el cual el ser humano tiene una preferencia por los acontecimientos que no son ni muy sencillos ni muy complejos (*Nota de la editora*).

cómo encaja la mente en el mundo físico, ya que la mente no existe.

Puede parecer extraño negar la existencia de la mente. Y, de hecho, sólo las versiones más extremas del eliminativismo lo hacen. Los eliminativistas más moderados sostienen simplemente que, al estudiar la mente, debemos dejar abierta la posibilidad de que algunos de los aspectos de nuestra mente que consideramos actualmente puedan no existir. Pensemos en la histeria. Los signos y síntomas de la histeria han variado a lo largo del tiempo y de las culturas, pero a menudo se ha considerado una afección principalmente femenina, causada por un trauma previo, que afecta a la capacidad de disfrutar del sexo. En 1980, la histeria se eliminó del Manual diagnóstico y estadístico de los trastornos mentales (a partir del inglés, *Diagnostic and Statistical Manual of Mental Disorders, DSM*).

Ya no creemos que la histeria exista. Por lo tanto, el eliminativismo es la explicación correcta de la histeria. La enfermedad de la histeria se eliminó del DSM porque el concepto se consideró incoherente. El eliminativista piensa que una neurociencia madura revelará que al menos algunos conceptos mentales que utilizamos hoy en día son tan confusos como el concepto de histeria y deberían ser igualmente desechados. Los eliminativistas no eliminan la mente por completo: en general piensan que algunos conceptos mentales podrán reducirse útilmente a estados neurológicos. Pero consideran que los que no pueden reducirse no tienen cabida en una teoría precisa de la mente.

Los eliminativistas señalan nuestro escaso conocimiento científico de muchos aspectos de lo que actualmente consideramos la mente. Por ejemplo, no sabemos por qué soñamos. ¿Lo averiguaremos algún día? No si, como sostienen algunos, el concepto de sueño no tiene sentido. Aunque podemos hablar de lo que ocurre en el cerebro durante las distintas fases del sueño, tal vez el sueño, como la histeria, no exista; podemos hablar de la actividad de la circunvolución lingual inferior derecha, pero no del sueño. Algunos también consideran que la memoria es un concepto problemático. En el discurso cotidiano, hablamos de personas que tienen recuerdos espaciales, recuerdos para los nombres, recuerdos borrosos e incluso falsos recuerdos. ¿Existe una cosa, la memoria, a la que se refieren todas estas frases? Los eliminativistas de la memoria creen que no la hay y que, por tanto, para entender cómo funciona realmente la mente, deberíamos revisar el concepto o incluso suprimirlo por completo.

La filósofa canadiense-estadounidense Patricia Churchland, que sostiene que comprender los detalles del funcionamiento del cerebro es crucial para entender la mente, ofrece un montón de analogías para ilustrar cómo los descubrimientos científicos pueden instigar cambios conceptuales. Por ejemplo, antes pensábamos que los objetos inflamables contenían flogisto, una sustancia que se creía que se liberaba durante la combustión. Los experimentos que demostraron que la combustión de ciertos objetos no los hace más ligeros, sino más pesados (porque la combustión añade oxígeno), acabaron con la teoría de la combustión y el concepto de flogisto. Durante siglos se pensó que el ímpetu era una fuerza interior que mantenía en movimiento los objetos en movimiento. Sin embargo, la mecánica newtoniana no tenía ninguna utilidad para tal fuerza. El espíritu vital que antaño se creía necesario para la vida no se redujo al ADN, sino que se consideró una postura errónea y se eliminó. Churchland sostiene que al estudiar la mente debemos recordar que la neurociencia también puede instigar cambios conceptuales. Churchland se centra en nuestros conceptos «psicológicos populares», los que utilizamos habitualmente para explicar por qué hacemos ciertas cosas. Por ejemplo, según la psicología popular, yo diría que tú cogió un vaso de agua porque tenía sed, deseaba beber agua y creía que era suya. Tal explicación de tu acción en términos de tus sentimientos, deseos y creencias podría parecer plausible. Sin embargo, el eliminativista piensa que, en última instancia, no será coherente. A veces queremos cosas pero no actuamos en consecuencia; a veces las creencias sobre cómo debemos hacer algo no guían nuestras acciones. Algunas explicaciones de nuestras acciones en términos de creencias y deseos, sostiene Churchland, pueden ser sustituidas algún día por explicaciones neuronales.

De hecho, señala Churchland, las explicaciones neurocientíficas de los procesos cerebrales ya han sustituido en algunos casos a las explicaciones de nuestras acciones en términos de libre albedrío. Cita el caso en 2003 de un hombre de Virginia que, sin antecedentes penales, abusó sexualmente de su hijastra de 8 años y empezó a coleccionar pornografía infantil compulsivamente. Dado que su comportamiento aberrante desapareció tras la extirpación de un tumor cerebral, que se encontraba en una región del cerebro que regula el comportamiento sexual, no tiene mucho sentido, argumenta, pensar que sus acciones emanaban de su propio libre albedrío. Y puesto que el impulso sexual en una persona sana está regulado por hormonas, podemos deducir, sugiere, que nadie es totalmente libre de elegir practicar sexo. Aunque la neurociencia apunta a un centro de autocontrol en el cerebro, es poco probable, afirma, que llegue a señalar algo parecido a lo que actualmente consideramos «la voluntad». Churchland también afirma que los avances en neurología están precipitando una mejor comprensión de lo que consideramos el yo. A la pregunta de si una imagen de su cerebro es una imagen de su verdadero yo, responde que en cierto modo lo es, ya que el yo no es más que el cerebro, pero también que en cierto modo no lo es, ya que la narrativa que nuestro cerebro produce sobre nosotros mismos abarca mucho más que el cerebro. El filósofo escocés del siglo XVIII David Hume llevó la revisión conceptual del yo un paso más allá, argumentando que lo que consideramos el yo no es más que un conjunto de percepciones, percepciones de «calor o frío, luz o sombra, amor u odio, dolor o placer». ¿Qué nos ocurre en un sueño sin sueños, un momento en el que cesan todas las percepciones? La respuesta de Hume es que, sin percepciones, «puede decirse verdaderamente que no existimos».

Según algunos, la inteligencia puede ser otro concepto del que sería mejor prescindir. En lugar de aceptar las teorías de la inteligencia basadas en la luz interior o en el comportamiento, como las mencionadas en el capítulo 2, tal vez la inteligencia no exista en absoluto.

Otros eliminativistas creen que las experiencias conscientes, como la sensación de dolor, la experiencia de ver rojo o el sabor de una fresa –lo que a veces se denomina «qualia»– deberían seguir el camino del flogisto, argumentando que son ilusiones. Según ellos, podemos equivocarnos sobre las sensaciones. Por ejemplo, la ilusión de la parrilla térmica (que tiene lugar cuando se toca una parrilla de barras calientes y frías alternadas y se experimenta como si estuvieran ardiendo) parece demostrar que podemos confundir fácilmente nuestra sensación de calor intercalada con frialdad con el calor extremo. Además, como señala Daniel Dennett, cualquier informe de un estado mental se hace un poco después de que ese estado mental haya ocurrido, ya que lleva cierto tiempo vocalizar el pensamiento, y esto deja margen para recordar mal lo que ocurrió. Dado que se tarda tiempo en pensar «me duele algo», en lugar de recordar con exactitud lo que acaba de ocurrir podemos estar creando simplemente la idea de que hemos tenido una sensación de dolor (una sensación que en realidad no hemos tenido).

Pero aunque nos equivoquemos de vez en cuando, ¿tiene sentido pensar que podríamos equivocarnos radicalmente sobre el contenido de nuestra mente? Algunos consideran que el eliminativismo es autocontradictorio, ya que la teoría presupone la existencia de la mente: los eliminativistas deben creer al menos que el eliminativismo es cierto. Si es así, las creencias existen y, por tanto, el eliminativismo sobre las creencias debe ser falso. Sin embargo, según los eliminativistas, la «creencia» de que el eliminativismo es cierto no es más que una afirmación de que las mentes no existen, y esta afirmación, sostienen, no es mental sino neurofisiológica.

El argumento causal del fisicalismo

Aunque cada versión del fisicalismo –la teoría de la identidad, el funcionalismo, el misterianismo y el eliminativismo– puede ser criticada, los fisicalistas se sienten seguros de que alguna versión del fisicalismo debe ser cierta. Esta seguridad puede surgir en parte de su convicción de que no hay ni buenas pruebas ni buenos argumentos para la opinión contraria (la opinión de que la mente es inmaterial) y en parte de su convicción de que la ciencia está descubriendo, lenta pero firmemente, el funcionamiento físico de la mente. Más allá de esto, la mayoría de los fisicalistas –o más bien, la mayoría de los fisicalistas de la corriente no-eliminativista– sostienen que la verdad del fisicalismo está fuertemente sugerida por lo que se ha dado en llamar «el argumento causal del fisicalismo».

El argumento causal parte de la premisa de que la mente puede hacer que tu cuerpo se mueva; que, por ejemplo, tu sensación de sed y tu creencia de que hay un vaso de agua cerca de ti pueden hacer que cojas el vaso y te lo lleves a los labios. Añádase a esta premisa la afirmación de que la fisiología revela que esos movimientos corporales están totalmente causados por procesos físicos de nivel inferior (los impulsos eléctricos viajan a lo largo de las fibras nerviosas, que inervan los músculos, que mueven las extremidades) y la suposición de que (aunque de vez en cuando algún efecto pueda tener dos causas distintas, como cuando alguien muere tanto por haber sido alcanzado por un rayo como por un disparo en el corazón) las cosas no están sistemáticamente doblemente causadas, y tenemos el argumento causal completo. Adoptando el tropo de Ryle del «fantasma en la máquina», que vimos en el capítulo anterior, una mente no física sería como un fantasma en una máquina que tiene el poder de accionar interruptores en la máquina, haciendo así que se mueva. El argumento causal afirma que, puesto que tenemos buenas razones para creer que todos los interruptores de la máquina son activados o desactivados por otras partes físicas de la máquina y puesto que es absurdo pensar que los interruptores son activados doblemente tanto por la máquina como por el fantasma, no hay ningún fantasma en la máquina. Del mismo modo, argumenta el fisicalista, no hay una mente no física en un cuerpo físico que lo haga moverse, ya que todos los movimientos corporales tienen causas físicas, lo que hace que las causas no físicas sean redundantes. El fisicalismo, se concluye, debe ser cierto, aunque no conozcamos los detalles de cómo es cierto exactamente.

¿Presenta el argumento causal un argumento sólido a favor del fisicalismo? Muchos piensan que sí, pero, como todos los argumentos filosóficos, tiene sus fisuras. Algunos han argumentado que, a pesar de las apariencias, la mente es meramente epifenoménica, un mero subproducto de los procesos neuronales sin ninguna influencia causal sobre el cuerpo. La máquina produce el fantasma, pero el fantasma no tiene ningún efecto sobre la máquina. Este «epifenomenalismo» asemeja la mentalidad al humo que emana de la chimenea de una locomotora antigua: es causado por el cuerpo, pero no lo impulsa.

Otros que rechazan el fisicalismo piensan que las supuestas causas físicas de los movimientos corporales (y de todo lo demás) están a su vez imbuidas de mente. Estos «panpsiquistas» sostienen que todo, desde los quarks hasta los cuásares, es consciente. Los panpsiquistas pueden aceptar que todas las acciones que realizamos tienen causas corporales, pero creen que esas causas corporales son, en un nivel fundamental, también mentales. Algunos panpsiquistas afirman encontrar apoyo para su punto de vista en la idea de que la física sólo revela lo que las cosas hacen y nada de lo que las cosas son; revela que los electrones repelen a otros electrones pero no lo que los electrones, en sí mismos, son. Puede que sea un pequeño salto, pero algunos panpsiquistas encuentran natural infundir conciencia a lo que la física deja abierto.

El panpsiquismo suele considerarse contrario al fisicalismo, ya que postula que la conciencia es una característica fundamental del mundo, no construida a partir de partes físicas. Sin embargo, dado que los panpsiquistas suelen sostener que la conciencia es un aspecto de todas las partículas y fuerzas fundamentales de la física, el panpsiquismo también, en cierto sentido, explica la mente en términos de las partículas fundamentales de la física. Esta característica del panpsiquismo lleva a algunos a categorizarlo como una versión del fisicalismo aunque, volviendo a la analogíade Ryle, el panpsiquista cree que la máquina está compuesta de partes, todas ellas con un toque del fantasma.

Fisicalismo no reductivo y emergentismo

Aunque no muchos dualistas defienden la teoría de la mente según la cual nuestras acciones corporales están doblemente causadas por procesos corporales físicos y procesos mentales no físicos, los fisicalistas no reductivos -físicos que rechazan tanto la teoría de la identidad como el eliminativismo sobre la mente- aceptan la doble causalidad siempre que las causas sobredeterminantes estén íntimamente conectadas. Los fisicalistas no reduccionistas creen que la mente es una característica de nivel superior del cerebro, del mismo modo que una montaña es una característica de nivel superior de las moléculas que la componen, y piensan que la sobredeterminación causal abunda en la naturaleza.

Algunos han argumentado que la aceptación de la sobredeterminación por parte del fisicalismo no reductivo hace que la teoría sea insostenible, ya que elimina los poderes causales de la mente: si la acción de coger un vaso cuando se tiene sed está totalmente causada por procesos neurofisiológicos, la sed (que en la teoría no reductiva no es reducible a procesos neurofisiológicos) parecería no tener nada que ver con ella. Dado que para nuestra concepción de la acción humana es fundamental la idea de que nuestras creencias y deseos son una fuerza causal de nuestras acciones, cualquier teoría de la mente que no dé cuenta de los poderes causales de la mente parecería estar en serios problemas.

Sin embargo, los fisicalistas no reduccionistas no creen que una causalidad de nivel inferior excluya una causalidad de nivel superior. Piense en cómo la quema de gasolina hace que se muevan partes del motor de su coche. La gasolina que alimenta tu coche está hecha de (es una característica de nivel superior de) varios hidrocarburos y etanol. Así que parece que los hidrocarburos y el etanol también hacen que su coche se mueva. Además, dado que la gasolina es realizable de forma múltiple –no sólo contenía plomo, sino que la mezcla de hidrocarburos puede cambiar, al igual que el porcentaje de etanol– no es reducible a un conjunto de componentes químicos: todas las mezclas diferentes siguen contando como gasolina. Según el fisicalista no reduccionista, del mismo modo que la gasolina hace funcionar los coches mientras los hidrocarburos y el etanol están ocupados haciendo también este trabajo, tu intención de beber un vaso de agua hace que cojas un vaso incluso mientras ciertos procesos neurofisiológicos están causando esto también.

Cualquier teoría de la mente que sostenga que la mente es física pero que no identifique las propiedades mentales con propiedades neuronales o de otro nivel inferior (que no tengan en sí mismas un toque de fantasma) cae bajo la rúbrica del fisicalismo no reductivo. Así, el funcionalismo se entiende a veces como una versión del fisicalismo no reductivo, al igual que el emergentismo.

El emergentismo dicta que la aparición de la mente a partir del cerebro es análoga a la aparición de la humedad del agua a partir de las moléculas H_2O o a la aparición de la imagen de un rostro a partir de la colorida cuadrícula de cuadrados en un retrato de Chuck Close. En ninguno de los dos casos la relación entre el todo y sus partes es aditiva (la masa de un objeto es aditiva en la medida en que su masa es igual a la suma de las masas de sus partes, pero las moléculas individuales de H_2O no están mojadas y los cuadrados del cuadro de Chuck Close no son pequeñas secciones de un rostro). Tampoco es meramente sinérgico (dos fármacos actúan juntos de forma sinérgica si su efecto combinado es superior a la suma de los efectos de los fármacos tomados individualmente).

Más bien, con la emergencia, los cambios cuantitativos dan lugar a otros cualitativos o, como dijo el físico Philip Anderson, «más es diferente». Todos los emergentistas están de acuerdo con la opinión de Anderson, pero no todos piensan, como podría sugerir la analogía de la humedad y el H_2O, que esté próxima una explicación de cómo surge la conciencia a partir de procesos biológicos.

4

INTENCIONALIDAD

Imagina que estás pasando el día en Coney Island, en Nueva York, viendo cómo las olas arrastran poco a poco trozos de madera a la deriva, tapones de botella, guijarros pulidos y algas. Cuando la marea empieza a bajar, se da cuenta de que los residuos parecen formar un mosaico de Abraham Lincoln, en el que destacan sus cejas prominentes, su sombrero de cocina y sus pómulos afilados como cuchillas de afeitar. ¿Crean los restos por sí solos una imagen de Lincoln? ¿O es una imagen de Lincoln sólo porque tú la interpreta como tal?

Observando los cúmulos algodonosos, ves una formación que se parece al basset hound de tu vecino. ¿Representa la formación al sabueso? Si estuvieras en el trabajo mirando las nubes en tu salvapantallas, ¿esa misma formación de nubes algodonosas en la playa seguiría contando como una escultura flotante, aunque insustancial, del perro de tu vecino?

Al día siguiente visitas una galería de arte del centro y ves un mosaico de tapones de botella titulado

«Honest Abe[3]». Esta vez, es claramente Lincoln. Incluso se podría decir (sobre todo, si se es uno de los padres de Kymani) que la representación de Lincoln que ha hecho Kymani, de 3 años, es un dibujo o una representación de Lincoln. Pero mientras Kymani y otros artistas crean sus obras maestras deliberadamente, el océano no tenía ese objetivo; fue una casualidad. ¿Tiene esto algo que ver con la cuestión de si las olas arrastraron un verdadero retrato de Lincoln? ¿Y qué tienen que ver los cúmulos de nubes y la disposición aleatoria de la madera con la mente?

Aunque hay desacuerdo entre los filósofos sobre si los desechos de los que no se tiene constancia pueden considerarse una representación de algo, hay bastante acuerdo sobre la importancia de la representación para la mente. Nuestros estados mentales son capaces de representar cosas en el mundo; nuestros pensamientos sobre Lincoln lo representan; nuestra creencia de que fue el decimosexto presidente de los Estados Unidos es una creencia sobre él, y cuando sus contemporáneos vieron al individuo que durante su campaña fue descrito como «la masa de piernas, brazos y cara de hacha más delgada, larguirucha y desgarbada que jamás haya cabido en un solo armazón», tuvieron una percepción visual de él. El filósofo alemán

3 «Honest Abe» o «el honesto Abe» (siendo «Abe» diminutivo de «Abraham») es una expresión idiomática que viene a designar a una persona franca y honesta cuyo origen procede de un apodo del presidente estadounidense Abraham Lincoln, considerado un político de estas características (*Nota de la editora*).

del siglo XIX Franz Brentano se refirió a esta propiedad de la mente –la capacidad de la mente para representar cosas en el mundo– como «orientación hacia el objeto», y los filósofos contemporáneos se refieren a ella como «intencionalidad». Hoy en día, los filósofos intentan comprender mejor la intencionalidad, su papel en nuestra vida mental y los retos que plantea para una explicación física del mundo.

Intencionalidad y dirección del ajuste

Varios tipos de estados mentales parecen poseer «intencionalidad». En otras palabras, parecen tener que ver con cosas, en el sentido de que mi creencia de que hay una manzana en el frutero tiene que ver con esa manzana en el frutero. La manzana en sí no tiene que ver con nada, pero mi creencia sí: tiene que ver con la manzana. Como las creencias se refieren a cosas, los filósofos las clasifican como «estados intencionales». La terminología puede ser confusa, ya que la palabra «intención» tiene un significado estándar: tener la intención de hacer algo es planear hacerlo. Pero la palabra «intencional», en el contexto de la filosofía de la mente, es un término técnico. Los filósofos considerarían que tu intención (en el sentido de planificar) de faltar al trabajo e ir a la playa es un tipo de estado intencional porque tu plan es sobre algo: faltar al trabajo e ir a la playa. Sin embargo, las creencias, los deseos, las esperanzas y los miedos también muestran intencionalidad: si crees que estás en la playa, tu creencia se refiere a la playa; si esperas que el tiempo acompañe, tu esperanza se refiere al tiempo. Según muchos, las percepciones también tienen un contenido representacional. Si veo las olas, mi experiencia visual representa esas olas. Cuando oigo el oleaje, tengo una experiencia auditiva de las olas rompiendo en la orilla. Todos estos estados mentales son intencionales, tal y como los filósofos utilizan este término, ya que todos estos estados mentales son acerca de, o en algún sentido apuntan a cosas en el mundo.

Elizabeth Anscombe, filósofa inglesa del siglo XX, divide los estados intencionales en dos grupos mediante una analogía. Imaginemos que vamos al supermercado con una lista de la compra que dice «guisantes, zanahorias, patatas y coles de Bruselas». Esta lista no representa el mundo tal y como es –no identifica los artículos que has comprado–, sino que es una representación de lo que pretendes o planeas poner en tu cesta y comprar. Del mismo modo, los estados mentales intencionales, como los deseos, las esperanzas y las intenciones (en el sentido de planes), no representan cómo es el mundo, sino cómo deseas, esperas o pretendes que sea. La lista de la compra representa los artículos que deseas comprar, y tu deseo de comerte un gran tazón de guisantes triturados representa un estado del mundo (tú comiendo guisantes triturados) que esperas que se haga realidad.

Las esperanzas y los deseos tienen lo que se denomina una «dirección de ajuste del mundo a la mente». Es el mundo el que hay que ajustar para que encaje en tu lista de la compra. Y esto significa que los errores de la lista se rectifican cambiando el mundo, no la lista. Por ejemplo, si al llegar a la caja te das cuenta de que has olvidado comprar guisantes, la forma de rectificarlo es cambiando lo que hay en tu cesta de la compra y no cambiando la lista. Del mismo modo, es el mundo el que tiene que ceder para satisfacer tu deseo de comer guisantes triturados: para satisfacer el deseo, cambias el mundo triturando esos guisantes.

A diferencia de las esperanzas y los deseos, las creencias y las percepciones pretenden representar el mundo tal y como es en realidad. Se parecen más al recuento que hace el cajero cuando haces la compra. Si el cajero te cobra dos veces el saco de patatas, lo más probable es que te vayas a otro sitio si, tras señalarle el error, te dice que des la vuelta al carrito y cojas otro. Es el recuento lo que quiere revisar, no tu carrito. Del mismo modo, si al cortar tus patatas moradas te enteras de que tu creencia sobre el color de su carne era errónea, revisarías tu propia creencia y no las patatas en sí.

Casos desconcertantes de intencionalidad

Hay cuatro problemas interrelacionados, o como algunos los ven, paradojas de la intencionalidad. El primero se refiere a la naturaleza de nuestras creencias sobre cosas que no existen. Si creo que la ventana de mi despacho está abierta, mi creencia parece estar dirigida a la ventana de mi despacho. Pero ¿qué hace que esta creencia se refiera a la ventana? ¿Qué le da su intencionalidad? En el nivel más básico, la capacidad de mi creencia para representar la ventana parece depender de la relación que yo, el creyente, tengo con la ventana: como veo la ventana y veo que está abierta, creo que está abierta. Pero también podemos tener creencias sobre cosas que no existen. La fuente de la juventud no existe, pero Ponce de León creía que sí; tenía una creencia sobre la fuente. No existen las máquinas de movimiento perpetuo, máquinas que funcionan indefinidamente sin una fuente de energía.

Las leyes de la termodinámica las prohíben. Sin embargo, podemos pensar en máquinas de movimiento perpetuo; de hecho, tanta gente ha intentado diseñarlas que la Oficina de Patentes y Marcas de Estados Unidos exige que las propuestas de máquinas de movimiento perpetuo, y sólo las de este tipo, incluyan un modelo funcional (Figura 4). ¿En qué está pensando Ponce de León cuando piensa en la fuente de la juventud? No en algo del mundo exterior, ya que no existe tal cosa. La respuesta obvia parecería ser: algo en su mente, tal vez una imagen mental de la fuente de la juventud. Pero esto tampoco puede ser correcto ya que él no cree que pueda encontrar una idea de la fuente de la juventud; él cree que puede encontrar la fuente de la propia juventud.

Un segundo problema se refiere a las alucinaciones. Parece que, desde un punto de vista en primera persona, mi percepción de una ventana en mi despacho y una alucinación de una ventana en mi despacho podrían ser indistinguibles. Si un filósofo enloquecido se colara en mi despacho de la noche a la mañana,

Figura 4. Un grabado en madera de 1660 del «tornillo de agua» de Robert Fludd de 1618, un dispositivo que fue diseñado para bombear agua perpetuamente a su propio tanque de suministro por medio de una rueda hidráulica y un tornillo de Arquímedes.

cubriera la ventana con yeso e introdujera un potente alucinógeno en mi té, haciéndome alucinar con una ventana idéntica a la anterior, es posible que no me diera cuenta de que mi despacho había cambiado. Las teorías de la intencionalidad no tienen por qué explicar los motivos de este filósofo enloquecido, drogadicto y nocturno, pero muchos creen que deberían poder explicar por qué las percepciones de las ventanas y las alucinaciones de ventanas pueden parecer la misma cosa.

Un tercer problema con el que tiene que lidiar cualquier teoría de la intencionalidad es que no sólo creo que mi ventana está abierta en este momento, sino también que las ventanas de las oficinas hacen que la gente sea más productiva. En este caso, no tengo una creencia sobre ninguna ventana en particular. Tengo una creencia sobre las ventanas de las oficinas en general. Del mismo modo, puedo querer un gato aunque no tenga en mente ningún gato en particular. ¿Cuál es el objeto intencional de mi deseo de tener un gato? ¿Tenemos que dar cuenta de dos formas distintas de intencionalidad, una dirigida a máquinas reales, gatos concretos y ventanas de oficinas, y otra dirigida a alucinaciones, cosas generales como los gatos y no cosas como las máquinas de movimiento perpetuo? Los filósofos tienden a favorecer la unidad, por lo que son reacios a dividir y conquistar.

Por último, un cuarto problema se refiere a la forma en que parecemos creer las cosas sólo bajo una determinada descripción. Por ejemplo, pensemos en Claudia. Claudia cree que el Partenón está en Grecia. Sin embargo, aunque «Hélade» no es más que otro nombre para Grecia, si le preguntáramos «¿está el Partenón en la Hélade?», respondería «no, está en Grecia». Por tanto, podría parecer que no cree que el Partenón esté en Grecia. Sin embargo, si la intencionalidad depende de la relación entre los creyentes y los objetos en los que se cree, entonces, puesto que Helas es el mismo objeto que Grecia, parece que ella también debería creer que el Partenón está en la Hélade.

La intencionalidad como marca de lo mental

Muchos de nuestros estados mentales son representacionales, pero ¿lo son todos? Brentano pensaba que sí. Las creencias, los deseos, las esperanzas, los miedos, las dudas, las sospechas, los amores y los deseos apuntan a cosas del mundo. El rasgo definitorio de la mente, o la «marca de lo mental», es, según Brentano, la intencionalidad. Como tal, sostenía que no sólo todos los componentes de la mente muestran intencionalidad, sino que todas las cosas que muestran intencionalidad son componentes de la mente.

A veces se ha considerado que determinar la marca de lo mental es el primer paso en una investigación filosófica de la mente, con la idea de que para investigar algo hay que saber qué es lo que se pretende investigar. Por supuesto, en gran medida, las definiciones y las investigaciones avanzan juntas. Y, en particular, aunque el estudio de la mente requiere algún punto de partida, o una comprensión provisional de lo que se pretende estudiar, una definición completa, o más bien definiciones cada vez mejores, sólo surge después de que se haya realizado algún estudio. Si existe una relación recíproca entre las definiciones y la investigación –en la que la investigación conduce a mejores definiciones, que a su vez conducen a más y mejores investigaciones, que a su vez conducen a más y mejores definiciones, y así sucesivamente–, la búsqueda de un punto de referencia al comienzo de la investigación podría carecer de sentido.

La reciprocidad, sin embargo, lleva su tiempo. Y los filósofos, aunque se sabe que trabajan en un problema hasta la tumba, a veces son impacientes. Además, muchos parecen disfrutar definiendo cosas, sobre todo cuando se trata de identificar condiciones necesarias y suficientes para el concepto en cuestión. Se puede pensar en ello como en un juego (el proyecto de encontrar las condiciones necesarias y suficientes de lo que es ser un juego, siendo una jugada muy discutida en este juego). Las reglas son sencillas: el primer jugador propone que *p* es una condición necesaria y suficiente para *q* y el segundo jugador (o quizá todo un equipo) intenta demostrar que o bien *p* no es necesaria para *q* o que no es suficiente para ella o, para más señas, que no es ni necesaria ni suficiente para *q*. Brentano ya ha hecho la primera jugada al proponer que la intencionalidad es necesaria y suficiente para la mentalidad. Juguemos.

¿Es necesaria la intencionalidad para la mentalidad? Es decir, ¿todos los estados mentales muestran intencionalidad? El fenomenólogo alemán Edmund Husserl, alumno de Brentano, defendió el punto de vista de éste; según Husserl, «la conciencia es siempre conciencia de un objeto». Si piensas en el ratón que hay detrás del arrimadero, tu pensamiento se dirige al ratón. Cuando la pequeña criatura corretea por la habitación y entra en la cocina, si eres observador, tendrás una percepción visual del ratón. También puedes creer que el pobre animal te tiene más miedo a ti que tú a él. Sus pensamientos, percepciones y creencias sobre el ratón parecen ser estados conscientes intencionales.

Sin embargo, como reconocen tanto Brentano como Husserl, hay contraejemplos al menos aparentes a la opinión de que todos los estados mentales muestran intencionalidad. Aunque las creencias, los deseos, las percepciones y muchos otros estados mentales pueden estar dirigidos a un objeto, ciertas sensaciones y estados de ánimo no parecen apuntar a nada. Por ejemplo, hay quien sostiene que el dolor corporal, aunque desagradable, no es representacional. O pensemos en la tristeza. A menudo, cuando uno se siente triste, está triste por algo. Pero, a veces, uno simplemente se siente triste. Lo mismo ocurre con la ansiedad flotante. Aunque uno pueda estar preocupado por el calentamiento global, es posible que experimente ansiedad sin estar preocupado por nada. Algunos filósofos consideran que estas experiencias son contraejemplos de la idea de que todos los estados mentales son intencionales, pero otros no. El dolor, dirán, representa el lugar del cuerpo donde se produce, y la tristeza no dirigida o la ansiedad flotante se dirigen a sucesos que no se quieren reconocer explícitamente. Esta ronda del juego de definición termina en empate; pasemos a la siguiente.

¿Cómo funciona la intencionalidad como condición suficiente para la mentalidad? Si algo muestra intencionalidad, ¿es forzosamente mental? Podría parecer que la respuesta a esta pregunta es claramente «no». La novela de Melville Moby-Dick trata del relato de Ishmael sobre la caza monomaníaca de Ahab de una gran ballena blanca; la Mona Lisa de Da Vinci representa a una mujer medio sonriente; y el mapa del metro de Nueva York es un mapa del sistema de metro más grande (en número de estaciones) del planeta. Sin embargo, aunque las novelas, los cuadros, los mapas, las frases y los letreros traten de cosas, algunos sostienen que no lo son, sólo se refieren a cosas en la medida en que las interpretamos como tales: una señal de stop no tiene sentido en sí misma, sino que significa «stop» –se refiere a detenerse– sólo porque la interpretamos en ese sentido.

La distinción entre un pensamiento que tiene intencionalidad en sí mismo y un signo que tiene intencionalidad en virtud de cómo lo interpretamos se denomina distinción entre «intencionalidad intrínseca» u «original» e «intencionalidad derivada». Por intencionalidad original se entiende la intencionalidad que puede existir aunque no haya nadie que la presencie. Se dice que tus creencias y pensamientos sobre la novela Moby-Dick tienen intencionalidad original. Nadie más necesita interpretarlos como si fueran sobre la novela para que sean sobre la novela; por tanto, tienen intencionalidad en sí mismos. En cambio, la novela Moby-Dick tiene una intencionalidad derivada; trata sobre la búsqueda de Ahab sólo porque nosotros la creamos o la interpretamos como tal.

Por supuesto, la novela trata de mucho más que de la búsqueda de Ahab, y merece la pena reflexionar sobre la relación entre la intención del autor y la interpretación del lector. Es mejor dejar estos temas para otros libros de la serie *Una muy breve introducción*. Lo que importa a los filósofos de la mente acerca de las novelas es que pueden tratar de algo y que el hecho de que traten de algo parece depender no sólo de las palabras que contienen, sino también de las mentes que las interpretan o crean. Lo mismo ocurre con las pinturas, los mapas, las señales de tráfico y los arreglos aleatorios de madera a la deriva que vemos como representación de Lincoln. Si la intencionalidad intrínseca pertenece exclusivamente a la mente, entonces ser intrínsecamente intencional parecería ser suficiente para la mentalidad. Y si es así, el segundo asalto es una victoria para Brentano.

Por supuesto, hay muy pocas jugadas ganadoras en el juego de encontrar condiciones necesarias y suficientes. Tal vez, se podría argumentar, un robot podría tener estados intrínsecamente intencionales sin tener mente. Si las cosas sin mente pueden ser intrínsecamente intencionales, entonces una explicación fisicalista de la intencionalidad parecería estar al alcance de la mano. Pero si la intencionalidad no puede explicarse en términos totalmente físicos, la mente no encajaría en el mundo físico y, por tanto, el fisicalismo sería falso.

¿Es física la intencionalidad?

Consideremos el siguiente argumento: (1) las mentes tienen intencionalidad; (2) nada físico tiene intencionalidad; por tanto (3) las mentes no pueden ser físicas. El argumento es, como dicen los filósofos, «válido»: si las premisas de un argumento válido son ciertas, entonces la conclusión del argumento también debe ser cierta. Así, si las premisas de este argumento contra el fisicalismo son ciertas –si es cierto que las mentes muestran intencionalidad y que nada físico lo hace–, entonces debe ser cierto que las mentes no son físicas; si las premisas de este argumento son ciertas, tendríamos una prueba irrefutable de que la mente es inmaterial. Pero ¿son ciertas las premisas? En otras palabras –de nuevo, palabras de filósofo–, ¿es sólido el argumento? (Un argumento sólido es válido y contiene todas las premisas verdaderas).

Supongamos que tenemos creencias y deseos y que estas creencias y deseos tienen intencionalidad. La cuestión clave es si las cosas físicas no tienen intencionalidad o, más concretamente, si las cosas físicas no tienen intencionalidad intrínseca. Por supuesto, si la mente es una cosa física, entonces hay cosas físicas que exhiben intencionalidad intrínseca. Pero dejemos abierta la cuestión de si la mente es física y preguntémonos si alguna cosa física (aparte de la posible excepción de la mente) tiene intencionalidad. (¿Qué se considera una cosa física? Aunque este es un tema de debate, aquí podemos entender la afirmación de que la mente es física en el sentido de que la mente es, en última instancia, reducible a o construida a partir de partes que no son en sí mismas mentales).

Volviendo a nuestro ejemplo inicial, ¿representan los escombros de la playa (que son una dispersión de objetos físicos) en sí mismos a Lincoln? Creo que la mayoría de nosotros diría que no, que sólo representan a Lincoln porque así lo interpretamos. Del mismo modo, la mesa en la que estoy escribiendo no tiene nada que ver con una mesa ni con mi escritura; más bien, es sólo una mesa, y la actividad electroquímica llevada a cabo por la masa de neuronas de mi cerebro mientras pienso en la mesa no parece (en términos de intencionalidad) diferente. Es cierto que hablamos como si las neuronas se comunicaran a través de las sinapsis enviando señales, pero esa «comunicación» no es, en opinión de la mayoría, más intencionada que la señal creada por un cambio de tensión en un cable eléctrico. En otras palabras, parece que las estructuras neuronales que subyacen a mis pensamientos y creencias sobre las cosas tampoco tienen nada que ver con ellas. Más bien parecen ser meros trozos físicos de materia que, como cualquier otro trozo físico de materia, no representan intrínsecamente nada.

El filósofo estadounidense del siglo XX Jerry Fodor, de forma deliberadamente paradójica, sostenía que «si [la intencionalidad] es real, en realidad debe ser otra cosa». Lo que quería decir con esto era que si la intencionalidad existe –si nuestras creencias y deseos pueden ser realmente sobre cosas– entonces la intencionalidad debe poder explicarse en términos de cosas que pueden dar lugar a la intencionalidad pero que no tienen intencionalidad intrínseca en sí mismas. El proyecto de explicar la intencionalidad en términos de objetos físicos ordinarios, es decir, de explicarla sin invocar el concepto mismo de intencionalidad –explicándola de forma no circular–, se denomina «naturalizar» la intencionalidad. Si la intencionalidad puede naturalizarse, entonces la capacidad de la mente para representar objetos en el mundo ya no nos impedirá pensar en la mente como un objeto físico.

El relato pictórico de la representación

Se supone que los problemas filosóficos son difíciles. Pero ¿es tan desalentador el proyecto de naturalizar la intencionalidad? Tal vez los objetos físicos puedan representar cosas simplemente a través de la relación de semejanza pictórica: las imágenes de Lincoln –ya sean dibujadas por un ser humano o aparecidas en la playa– representan a Lincoln porque se parecen a Lincoln. Además, si, como sostenía el filósofo inglés del siglo XVII John Locke, las ideas son «los dibujos hechos en nuestras mentes», la explicación de cómo los estados mentales adquieren intencionalidad es que son pictóricos, que cuando pienso en una manzana, me imagino una manzana en mi mente y que mi pensamiento es sobre una manzana porque el dibujo en mi mente representa una manzana. Sencillo, ¿verdad?

Aunque este relato pictórico puede ser sencillo de enunciar, muchos han pensado que no es en absoluto sencillo de entender; de hecho, según el filósofo estadounidense del siglo XX Nelson Goodman, «difícilmente podría comprimirse más error en una fórmula tan breve». Uno de los problemas de la explicación pictórica de la intencionalidad es que no todos los pensamientos, esperanzas y creencias tienen imágenes asociadas. Por ejemplo, mi esperanza de paz mundial no está relacionada con una imagen de paz mundial. Y no está claro cómo una explicación pictórica de la intencionalidad puede explicar los pensamientos, esperanzas y creencias de las personas con afantasía, una enfermedad que, aunque aparentemente no afecta al pensamiento creativo, imposibilita la imaginación mental voluntaria. Estas consideraciones sugieren que la semejanza pictórica no es necesaria para la intencionalidad.

Figura 5. «Veo un cuadro; representa a un anciano que sube por un sendero empinado apoyándose en un bastón.-¿Cómo? ¿No habría tenido el mismo aspecto si se hubiera deslizado cuesta abajo en esa posición? Tal vez un marciano describiría el cuadro así». (Ludwig Wittgenstein, Part 1, *Investigaciones Filosóficas, Primera Parte.*)

¿Es suficiente el parecido pictórico para la intencionalidad? Goodman sostiene que las imágenes son más indulgentes que los estados intencionales. Una imagen de Albert Einstein se parece a Einstein, pero también se parece a Walter Matthau, que interpretó a Einstein en la comedia romántica de 1994 I.Q. Sin embargo, los pensamientos sobre Einstein son pensamientos sobre él y no sobre Matthau. De hecho, una imagen física de Einstein –que es plana, rectangular y relativamente fácil de coger– parece, en muchos sentidos, parecerse más a cualquier otra imagen, ya sea de Einstein, de Matthau o de la Torre Eiffel (todas ellas planas, rectangulares y fáciles de coger), que a cualquier persona. Además, las imágenes son ambiguas de un modo que no lo son los pensamientos. Como señaló Wittgenstein, el dibujo de una persona caminando cuesta arriba puede ser indistinguible del dibujo de una persona deslizándose cuesta abajo hacia atrás (Figura 5). Sin embargo, su pensamiento sobre una persona caminando cuesta arriba no es ambiguo en este sentido.

En términos más generales, la semejanza suele entenderse como una «relación de equivalencia», lo que significa que es reflexiva (todo se parece a sí mismo), simétrica (si A se parece a B, entonces B se parece a A) y transitiva (si A se parece a B y B se parece a C, entonces A se parece a C), mientras que la intencionalidad no es una relación de equivalencia: no es el caso de que todo sea sobre sí mismo, y no es el caso de que si mi pensamiento es sobre una taza, entonces la taza es sobre mi pensamiento, y no es el caso de que si piensas sobre mis pensamientos sobre una taza, necesariamente estás pensando sobre la taza.

Quizá esté empezando a apreciar el comentario de Goodman sobre la densidad de errores en la idea de que la intencionalidad es reducible a la semejanza.

El relato causal de la intencionalidad

Como era de esperar, la explicación de la intencionalidad basada en la semejanza tiene pocos adeptos. Muchos consideran más prometedora la idea de que la intencionalidad surge cuando dos acontecimientos u objetos covarían entre sí. Los anillos de un árbol covarían con su edad: cuantos más anillos, más viejo es el árbol. Según este concepto de intencionalidad, los anillos de los árboles representan su edad. A diferencia de las palabras en una página o las nubes en el cielo, que sólo representan cosas en la medida en que las entendemos así, los anillos de los árboles son un «signo natural» de la edad de un árbol; representan la edad de un árbol independientemente de que alguien los interprete así; tienen una intencionalidad intrínseca. Del mismo modo, una sombra que se proyecta hacia el este se considera un signo natural de que el sol está en el oeste.

Lo que subyace a estos signos naturales, se piensa, son las conexiones causales sistemáticas entre el signo, por un lado, y lo que el signo representa, por otro. El cambio de estaciones (en el planeta Tierra) que coincide con el paso de los años provoca los anillos en el tronco de un árbol, y la posición del sol en el oeste hace que se proyecte una sombra hacia el este. Si la intencionalidad puede surgir en árboles y sombras, el argumento de que las mentes no pueden ser físicas porque las mentes tienen intencionalidad y nada físico puede tener intencionalidad, aunque válido, no es sólido porque la premisa «nada físico tiene intencionalidad» es falsa.

Por supuesto, la mera correlación entre dos acontecimientos puede no bastar para que uno represente o se refiera al otro. Imagine que durante un periodo de dos minutos, los latidos de su corazón se correlacionan perfectamente con los de tu prima Imani. Esta correlación, al parecer, podría ser una casualidad y existir sin que tus latidos representaran los de Imani. Si es así, la mera correlación es insuficiente para la representación. Sin embargo, la relación entre los anillos del árbol y la edad de un árbol no es una mera correlación; más bien, la relación es una correlación producida como resultado de una causalidad. Lo mismo puede decirse de la relación entre la actividad electroquímica del córtex visual cuando se percibe un árbol y el propio árbol: es causal. ¿La correlación causal es suficiente para la representación?

Supongamos que vives en Nepal y ves y admiras regularmente una montaña que crees que es el Everest. Pero no es el Everest, sino el Kangchenjunga. Tu pensamiento de que el Everest es sublime representa erróneamente el monte Kangchenjunga como el Everest, pero según el relato causal de la intencionalidad, puesto que tu pensamiento está causado por el monte Kangchenjunga, debería ser sobre el monte Kangchenjunga. Por supuesto, la correlación entre tu admiración por lo que tomas por el monte Everest y tus experiencias visuales del monte Kanchenjunga no es tan estrecha como la correlación entre los anillos de los árboles y su edad. Alguien podría haberte corregido y ya no estarías equivocado.

Pero ampliemos la trama: imagina que, sin saberlo, formas parte de un experimento de manipulación mental. Los técnicos de laboratorio han conectado su cerebro para que reciba una señal eléctrica generada por ordenador que le hace pensar en el Everest. Si tú estuviera en esta situación, sus pensamientos sobre el Everest serían invariablemente causados, no por el Everest, sino por ciertos impulsos eléctricos generados por ordenador en su cerebro. Según el relato causal, sus pensamientos y percepciones representarían entonces, al parecer, los impulsos. Sin embargo, esto no parece correcto.

Volviendo a esos molestos objetos inexistentes, también cabe preguntarse cómo puede explicar el relato causal la creencia de un niño en Papá Noel. Paco, un niño de dos años, cree en Papá Noel, pero Papá Noel no es la causa de su creencia. Incluso si se quiere decir que existe una cadena causal que se remonta desde Paco hasta el obispo griego cristiano del siglo IV San Nicolás de Myra, que hacía regalos a los pobres, la creencia de Paco no tiene que ver con este obispo. ¿Podría la creencia de Paco ser causada por (y, por tanto, sobre) el concepto de Papá Noel? El concepto existe. Pero, en línea con lo que descubrimos al considerar la Fuente de la Juventud, si «Papá Noel» se refiere al concepto de Papá Noel, entonces la creencia de Paco de que Papá Noel existe es verdadera.

Por último, cabe preguntarse dónde se supone que empieza la cadena causal. Según la explicación causal de la intencionalidad, cuando uno ve una montaña –cuando tiene una percepción de la montaña–, su percepción visual está causada por la montaña: la luz se refleja en la montaña y entra en el ojo. Sin embargo, ¿por qué decir que percibes la montaña en lugar de percibir la luz? La luz también provoca la imagen visual de la montaña. O ¿por qué no decimos que estamos viendo el sol, ya que el sol es el causante de la luz que se refleja en la montaña? Si el programador del ordenador que creó el código que te hizo pensar en el Everest tenía una percepción de la montaña causada por la montaña, ¿deberíamos decir que en el laboratorio tus pensamientos sobre el Everest están causados por la montaña? De hecho, ¿por qué en una explicación causal de la intencionalidad todas las percepciones no son en realidad percepciones de la causa última de todo: el big bang? Una explicación causal de la intencionalidad debe ser capaz de responder a estas preguntas.

El relato teleológico de la intencionalidad

La función de nuestro sudor es enfriar nuestro cuerpo; la función del xilema de una planta es transportar agua y nutrientes; la función de la cubierta proteínica protectora de un virus es proteger al virus mientras entra en un huésped. La teleología es el estudio de las funciones, o propósitos, y el relato teleológico de la intencionalidad pretende naturalizar la intencionalidad explicándola en términos de funciones, a veces funciones específicamente biológicas: en nuestra historia evolutiva, puesto que interpretar los sonidos que emiten nuestros congéneres como advertencia de hienas gigantes o gatos dientes de sable era ventajoso, al igual que producir tales sonidos, esos sonidos desarrollaron la función de advertir a otros de la presencia de depredadores, convirtiendo así tales advertencias –y por extensión nuestros pensamientos sobre tales advertencias– en advertencias sobre los depredadores.

La filósofa estadounidense Ruth Millikan ilustra cómo la función de una acción puede dotarla de intencionalidad recurriendo a dos acciones de animales no humanos. Los castores, explica, golpean el agua con la cola para alertar a otros castores del peligro. Como era ventajoso dar el golpe en un momento propicio e interpretarlo como una advertencia, evolucionaron a la par y el golpe adquirió la función de representar el peligro. Las abejas mueven rápidamente el abdomen mientras trazan y repiten un patrón en la colmena –realizando lo que se denomina una «danza de meneo»– para indicar la dirección y la distancia a una abundante fuente de néctar. Al funcionar como un conjunto de direcciones para las otras abejas de la colmena, la danza de contoneo llega a representar la ubicación y la distancia a la comida.

Con esta explicación básica de la teleosemántica, estamos listos para examinar la objeción favorita del oponente: ¡los seres de los pantanos! Imaginemos que cae un rayo en un pantano y que, contra todo pronóstico, la carga prende fuego a la materia vegetal parcialmente descompuesta y al suelo saturado de agua, dando lugar a la existencia de un ser humano plenamente formado y consciente, con lo que parecerían ser creencias sobre el pasado y deseos para el futuro, incluido, por ejemplo, el deseo de salir del pantano y ponerse ropa seca. La pregunta es: ¿qué debería decir un defensor de una explicación teleológica de la intencionalidad sobre los (supuestos) pensamientos de la criatura del pantano? La criatura del pantano carece de la historia evolutiva que, según la teoría teleológica, infunde intencionalidad a los procesos cerebrales. ¿Deben los defensores de la biosemántica rechazar la idea de que esta criatura del pantano pueda tener creencias y deseos sobre las cosas? La cuestión está sin resolver.

Para mostrar cómo encaja la mente en el mundo físico, necesitamos una explicación física de la intencionalidad. Sin embargo, naturalizar la intencionalidad no es tarea fácil, especialmente si, como algunos piensan, para explicar la intencionalidad necesitamos invocar la idea de que los estados de creencias son conscientes o, al menos, capaces de ser conscientes.

5

CONCIENCIA

El psicólogo y filósofo estadounidense de finales del siglo XIX William James escribió que «sólo hay una verdad indefectiblemente cierta, y es la verdad... de que el fenómeno actual de la conciencia existe». Pero ¿qué es la conciencia? Aunque sepamos lo que es la conciencia por el hecho de tenerla, una vez que intentamos expresar con palabras lo que sabemos, la certeza, admite James, se disuelve. No obstante, un proyecto central de la filosofía de la mente es encontrar palabras para explicar la experiencia consciente. ¿Cuál es la naturaleza de la conciencia? ¿Para qué sirve? ¿Hay algo en la conciencia que impida el escrutinio científico? ¿Somos capaces de equivocarnos sobre nuestras propias experiencias conscientes? Y, a pesar de la indefectible certeza silenciosa de James, ¿podríamos estar equivocados sobre la existencia de la conciencia?

Definir la conciencia

¿Qué intentamos comprender cuando tratamos de entender la conciencia? Los filósofos no sólo no tienen una definición consensuada de la conciencia, sino que algunos piensan que no se puede definir en absoluto, que sólo se pueden entender las experiencias conscientes teniéndolas. Estos filósofos ven la conciencia como Louis Armstrong supuestamente veía el jazz: si necesitas preguntar qué es, nunca lo sabrás.

De hecho, la tarea de explicar la conciencia a alguien que profesa no saber –y hay filósofos que sí lo profesan– es mucho más difícil que la de explicar el jazz a los no iniciados. Si no se sabe qué es el jazz, al menos se puede escuchar música clasificada como jazz y compararla con su precursora, el ragtime, su prima, el blues, y su alter ego, la música clásica. Es de suponer que ese ejercicio le dará una idea del jazz. Pero con la conciencia no hay nada con lo que compararlo, ya que cuando no se es consciente, no se es consciente de nada. Además, el jazz ha sido muy teorizado desde los tiempos de Armstrong, por lo que un paseo por la Biblioteca Pública de Artes Escénicas de Nueva York puede muy bien aportar alguna idea sobre la naturaleza del jazz a quienes no lo conozcan.

No obstante, existen relatos escritos sobre la conciencia que pretenden dar una idea de lo que es la conciencia a quienes afirman no saberlo. Se dice que la conciencia es el estado en el que uno se encuentra cuando está despierto o soñando y lo que le falta cuando está en un sueño sin sueños, bajo los efectos de la anestesia o en coma. Sin embargo, para quienes afirman no saber lo que significa la palabra «conciencia», esta explicación no tiene sentido. ¿Qué aspecto de estar despierto ilustra la conciencia? Sin conocer la diferencia relevante entre estar despierto y estar en un sueño sin sueños, sería difícil saberlo. Después de todo, cuando estoy despierto, mi actividad cerebral es diferente de cuando estoy en un sueño sin sueños, pero si hubiera querido transmitir que la conciencia es simplemente una cierta forma de actividad cerebral, podría haberlo hecho directamente. Por supuesto, es posible que hayas entendido la explicación de la consciencia que te he dado, pero imagino que ya sabías lo que era la consciencia antes de leerla.

Cómo es

Algunos de los mismos filósofos que piensan que no se puede decir nada para iluminar a los que afirman no saber qué es la conciencia han encontrado bastante que decir sobre lo que es para los que afirman ya saberlo. Y gran parte de su discusión se centra en la idea de que, para ser consciente, tiene que haber algo que se parezca a ser uno mismo: mientras que las rocas no tienen experiencias internas –o eso supone la mayoría– y, por tanto, no hay nada que se parezca a ser una roca, tú sabes que hay algo que se parece a ser tú, algo que se parece a saborear tu café matutino, a sentir el suave pelaje de un gatito, a sentir el escozor cuando ese adorable gatito te araña. Estas experiencias son experiencias conscientes; tienen lo que los filósofos denominan «contenido cualitativo» o «qualia». Y, según varios filósofos, la riqueza de experiencias que tenemos es lo que hace que merezca la pena vivir. Sin duda, merece la pena reflexionar sobre si el sentido de la vida reside en la experiencia interior o en las acciones exteriores encaminadas a hacer del mundo un lugar mejor. Pero en cualquier caso, parece que sin conciencia faltaría algo significativo en nuestras vidas.

La afirmación de que ser consciente es «ser tú» puede describirse como tener un «punto de vista» o una «perspectiva». Tener un punto de vista en este sentido es simplemente ser el lugar de la experiencia consciente. Por supuesto, explicar la conciencia en términos de tener un punto de vista y luego explicar lo que es tener un punto de vista en términos de ser consciente es circular. Sin embargo, en el supuesto de que no podemos explicar la conciencia en términos de otra cosa (no vas a entenderla, a menos que la tengas), tal círculo es de esperar, y si es un círculo virtuoso o vicioso, sin embargo, puede ser debatido.

El filósofo estadounidense Thomas Nagel presenta un experimento mental que ilustra lo que significa tener un punto de vista poniendo de relieve lo difícil que es saber cómo es un tipo de experiencia consciente totalmente desconocido. Trate de imaginar, nos pregunta, cómo es ser un murciélago y navegar por ecolocalización. ¿Puede imaginárselo? Lo mejor que podría hacer, argumenta Nagel, sería imaginar cómo sería, no para un murciélago, sino para ti volar en la oscuridad. Los murciélagos parecen ser conscientes, pero son tan diferentes de nosotros, según Nagel, que no podemos saber cómo es su experiencia del mundo; aunque estemos bastante seguros de que los murciélagos tienen experiencias conscientes, ninguna cantidad de información objetiva puede revelar nunca la vida interior de un murciélago; incluso una simulación de realidad virtual que nos permita experimentar cómo sería volar por una cueva oscura, beber la sangre de ovejas dormidas y colgarse cabeza abajo sólo proporciona la perspectiva de un humano de lo que es hacer estas cosas. Por mucha información en tercera persona que adquiramos sobre los murciélagos, argumenta Nagel, nada nos permite comprender la perspectiva en primera persona del murciélago. Si quieres saber cómo es experimentar el mundo a través de la ecolocalización, según Nagel, tienes que experimentar la ecolocalización.

¿Es esto cierto? No es cierto que ningún ser humano sepa lo que es la ecolocalización: algunos ciegos utilizan la ecolocalización para desplazarse, haciendo chasquidos y escuchando los ecos que rebotan en los objetos; algunos son tan expertos que pueden identificar la forma, la distancia y el material de un objeto. Estos individuos saben lo que es utilizar la ecolocalización para desplazarse y, por tanto, parecen tener una idea de lo que es ser un murciélago. Sin embargo, esta objeción es errónea. No ilustra cómo se puede llegar a comprender la experiencia de la ecolocalización del murciélago sin haberla experimentado uno mismo. De forma similar al argumento del capítulo 1 sobre Mary –se afirma que Mary no puede saber lo que es ver el color sin ver el color–, el argumento de Nagel es que para entender lo que es navegar por ecolocalización es necesario haber experimentado la ecolocalización.

Otras criaturas pueden tener sistemas sensoriales aún más extraños para nosotros. Por ejemplo, los delfines perciben estímulos eléctricos por electrorrecepción y los ratones de campo detectan campos magnéticos por magnetorrecepción. Es de suponer que algo les ocurre a estas criaturas para percibir el mundo como lo hacen. Sin embargo, según Nagel, la comprensión en tercera persona de estas experiencias sensoriales se queda corta con respecto a la comprensión en primera persona.

Incluso los demás seres humanos pueden ser un misterio para nosotros. El filósofo L. A. Paul destaca este misterio a través de las «experiencias transformadoras», que entiende como experiencias significativas y novedosas que, por mucha información que se tuviera sobre ellas antes de vivirlas, nos afectan de un modo profundo e imprevisible. Un ejemplo de experiencia transformadora es ser padre: si nunca lo has sido, por mucho que otros te cuenten la alegría de ver la primera sonrisa y el abatimiento de la privación crónica de sueño, no entenderás estas experiencias hasta que las vivas tú mismo. Según Paul, comprender lo que es vivir en la pobreza extrema es igual de opaco para quienes vivimos en la opulencia comparativa, como lo es la experiencia de alguien transgénero para alguien cisgénero. Incluso se podría argumentar que algunas de las experiencias de tu yo del pasado son opacas para tu yo del presente. Por ejemplo, para quienes ya han pasado por ello una vez, el recuerdo de lo que supuso sufrir el dolor del parto puede haber retrocedido hasta tal punto que ya no sea posible comprender cómo fue. Si es así, hay un sentido en el que ni siquiera sabemos lo que es ser nosotros mismos.

Diferentes formas de conciencia

Aunque no sea posible explicar la conciencia de forma no circular, quizá no sea imposible dilucidar algunas de sus formas. Por ejemplo, aunque no puedo estar seguro de lo alerta que estás ahora mismo, sí sé que eres consciente. También tienes experiencias conscientes: lo más probable es que estés teniendo la experiencia consciente de ver la página que tienes delante; o tal vez estés experimentando conscientemente tu juicio sobre lo que está escrito en la página que tienes delante. Cuando hablamos de ser consciente y de tener experiencias conscientes, estamos evocando dos nociones distintas de conciencia. La primera, lo que el filósofo David Rosenthal denomina «conciencia de criatura», se atribuye a los seres humanos (y a otras criaturas capaces de ser conscientes), mientras que la segunda, lo que él denomina «conciencia de estado», se atribuye a diversos estados mentales como las percepciones, sensaciones y pensamientos conscientes. Cuando somos criaturas conscientes, nuestros diversos estados conscientes pueden ir y venir. Por ejemplo, al contemplar el cielo, podemos tener una experiencia consciente de, citando a Emerson, «copos rosas modulados con tintes de una suavidad indescriptible», pero después de que se ponga el sol, nuestra experiencia consciente de la suavidad indescriptible dejará de existir.

Los estados conscientes (percepciones conscientes, pensamientos, sensaciones, por ejemplo) también pueden contrastarse con los estados subconscientes. Tal vez te haya ocurrido alguna vez que la solución a un problema espinoso te venga en la ducha. Una posible explicación es que durante la ducha, mientras te concentrabas conscientemente en enjabonarte, tu subconsciente lo estaba resolviendo. Otra posible explicación es que, mientras te duchabas, pensabas conscientemente y sin esfuerzo en el problema, de un modo que apenas parecía que estuvieras pensando. O quizás estabas empleando un pensamiento consciente periférico al problema. La mejor forma de ver un objeto débil y distante es a través de la visión periférica; quizá el pensamiento periférico sea la mejor forma de penetrar en las ideas débiles.

Aunque la idea de que una criatura sea consciente es diferente de la idea de que un estado sea consciente, algunos piensan que ser consciente es simplemente estar en varios estados conscientes. Estos filósofos sostienen que la relación entre la conciencia de la criatura y la conciencia del estado es similar a la relación entre ser un color y ser rojo. Si algo es rojo, entonces es un color, pero algo puede ser un color sin ser rojo. Del mismo modo, si tienes la experiencia consciente de ver rojo, entonces eres consciente, pero si eres consciente, no necesitas tener la experiencia consciente de ver rojo. Es indiscutible que tener una experiencia consciente requiere que uno sea consciente y que ser consciente no requiere que uno tenga, digamos, la experiencia consciente específica de ver el rojo. Sin embargo, ¿puede alguien ser consciente (criatura consciente) sin tener ninguna experiencia consciente? Te dejo esta pregunta para que reflexiones.

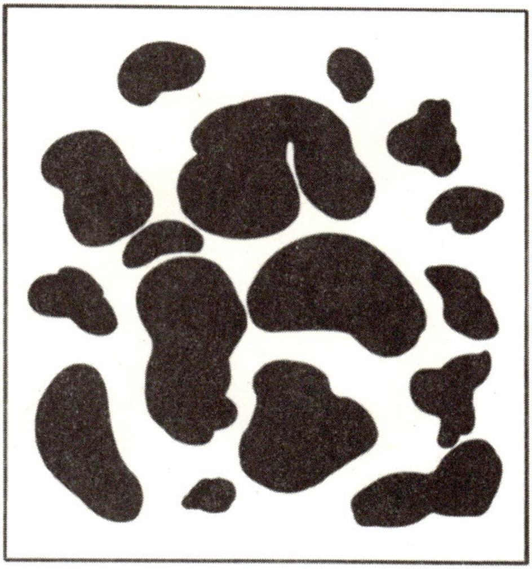

Figura 6(a). Primera serie de manchas.

Otra distinción se refiere al tipo de cosas que experimentamos conscientemente. El filósofo estadounidense del siglo XX Fred Dretske divide este terreno en cosas (como el Empire State Building) y hechos (como el hecho de que el Empire State Building sea alto). Y la cuestión fundamental aquí es si alguna vez somos conscientes de las cosas (si alguna vez somos «conscientes de las cosas») sin ser conscientes de ningún hecho sobre ellas (sin ser «conscientes de los hechos»).

Observa la matriz de manchas de la figura 6(a), el tiempo suficiente para ver todas las manchas. Ahora observa la segunda serie de manchas en la figura 6(b). ¿Se ven diferentes las matrices?

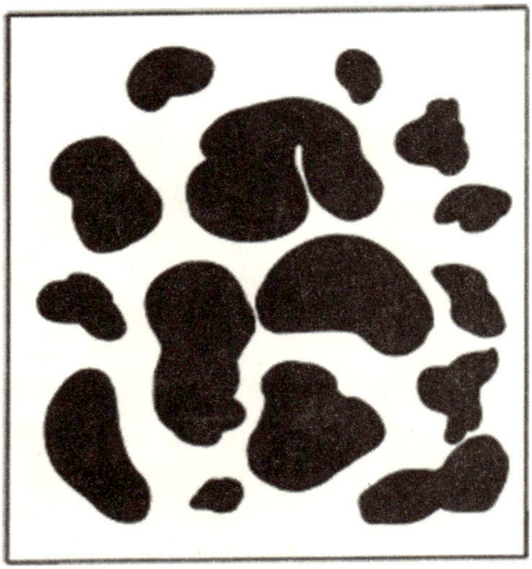

Figura 6(b). Segunda serie de manchas.

Si no es así, no se ha dado cuenta de que en la figura 6(b) ha desaparecido un punto. Dretske argumenta que, en tal caso, tú era consciente de la cosa, pero no de los hechos del punto de la figura 6(a) que había desaparecido en la figura 6(b). Era consciente de la cosa porque, cuando escaneó la figura 6(a), vio todos los puntos, pero no era consciente de los hechos (no era consciente, por ejemplo, de que estaba situado a la izquierda), ya que, si lo hubiera sido, habría sabido algo sobre ese punto que le habría permitido darse cuenta de su ausencia en la figura 6(b).

Dretske ofrece una explicación similar del fenómeno del bigote desaparecido: estás mirando directamente a Samir, que acaba de afeitarse el bigote, pero no te das cuenta de que lo ha hecho.

Has visto a Samir todos los días en el trabajo; por lo tanto, eras consciente de su bigote. Sin embargo, dado que no se percató de su ausencia, Dretske argumenta que no había sido consciente de hecho del bigote.

No todo el mundo está convencido de que los ejemplos de Dretske ilustren la distinción entre conciencia de los hechos y conciencia de las cosas. Dado que ha transcurrido algún tiempo desde la última vez que vio a Samir, tal vez simplemente olvidó que el nuevo Samir sin bigotes había tenido antes bigote. Y, aunque no pasó mucho tiempo entre que vio la Figura 6(a) y la Figura 6(b), todavía parece posible que su memoria de esa mancha errante se degradara rápidamente. Si es así, es posible que fuera consciente de los hechos que luego olvidó.

Ned Block defiende otras categorías de experiencia consciente: la «conciencia fenoménica» (p-conciencia) y la «conciencia de acceso» (a-conciencia). La conciencia fenoménica es lo que el ejemplo del murciélago de Nagel pretende dilucidar. Es el tipo de conciencia para la que hay algo parecido a ser consciente. Cuando te sumerges en las refrescantes aguas de Bodega Bay, hay algo en lo que sientes frío; cuando paseas por las calles de Kuwait en una tarde de verano, hay algo en lo que experimentas un calor abrasador. Esos estados son p-conscientes. Por el contrario, la conciencia de acceso generalmente te permite informar y razonar sobre tus estados conscientes. Normalmente, ambos van de la mano: cuando eres fenomenalmente consciente del calor del verano, puedes quejarte de él. Pero ¿se separan alguna vez la a-conciencia y la p-conciencia?

No está claro que pueda haber estados a-conscientes sin estados p-conscientes. Después de todo, si uno es capaz de decir que tiene frío, parece que tiene una sensación de frío. Pero hay quien piensa que la p-conciencia puede existir sin a-conciencia. Se ha afirmado que el fenómeno de la punta de la lengua –«sé cómo se llama esa fruta marrón, peluda y ovoide, pero no me viene a la cabeza»– es un ejemplo de ser p-consciente de la palabra «kiwi», pero no consciente del acceso. El sueño se ha sugerido como otro ejemplo. Parece que soñar es algo, pero a menudo no podemos dar cuenta de nuestros sueños. Además, se da el fenómeno de llegar a percibir un ruido que ha estado presente de fondo durante algún tiempo. Tal vez estabas manteniendo una conversación al alcance del oído de un taladro eléctrico. Puede que estés tan absorto en la conversación que no te des cuenta del taladro. En tal situación, se podría afirmar que uno es fenomenalmente consciente del taladro, pero no es consciente de su acceso. El soldado herido en combate podría encontrarse en un estado similar: p-s, pero no a-consciente del dolor.

Mientras que algunos sostienen que disociaciones como éstas apoyan la idea de que las experiencias conscientes pueden ser de la variedad fenoménica o de acceso, otros no están convencidos. ¿Realmente no puedes acceder a lo que tienes en la punta de la lengua? Si sabes que está ahí, ¿no tienes acceso a ello? Por ejemplo, puedes saber que el nombre de la fruta marrón y peluda empieza por «k». Los soñadores a veces pueden alterar el curso de sus sueños, lo que podría sugerir que tienen acceso a sus sueños mientras los están teniendo y, por supuesto, a veces recordamos nuestros sueños y podemos utilizar lo que recordamos para tomar decisiones. Basándote en un sueño recordado, decides dejar de leer historias de terror justo antes de acostarte. Y en cuanto al ruido de fondo y el dolor inadvertidos, quizá no tengamos experiencias conscientes de estas cosas en absoluto.

Una ciencia de la conciencia

¿Puede existir una ciencia de la conciencia? Podría pensarse que una ciencia de la conciencia es imposible porque la conciencia es subjetiva y la investigación científica es objetiva. Sin embargo, la ciencia es objetiva en el sentido de que busca la objetividad en su metodología: los científicos pretenden desechar los prejuicios personales cuando interpretan los datos y llegar a teorías que obtengan un acuerdo completo o, al menos, generalizado. La conciencia, sin embargo, es ontológicamente subjetiva: su existencia depende de la mente consciente, de un punto de vista en primera persona. Y se puede emplear una metodología objetiva para estudiar fenómenos subjetivos.

Quizá se podría pensar que la ciencia de la conciencia es imposible porque el conocimiento científico depende del proceso de observación –los datos en los que se basan las teorías se acumulan tras muchas observaciones–, pero la conciencia no se puede observar. Sin embargo, puedes observar tu propia experiencia consciente. Y si la conciencia no es más que un proceso neuronal, la conciencia puede observarse del mismo modo que se observan los procesos neuronales. Además, muchas teorías científicas se refieren a inobservables. Aunque podemos observar los efectos de la gravitación -observamos que los planetas orbitan alrededor del sol y que las manzanas caen de los árboles-, no observamos la gravedad en sí. Aceptamos que existe para explicar esas observaciones. Algunos sostienen que la conciencia también podría ser una hipótesis que explicara lo que consideramos efectos observables del hecho de ser consciente.

No sólo existe la posibilidad de una ciencia de la conciencia, sino que existe una ciencia de la conciencia; porque los científicos investigan de hecho los procesos subjetivos. ¿Sentiría el ala de una abeja caer sobre su mejilla a un centímetro de distancia? ¿Cuántos pelos del dorso de la mano hay que tocar para darse cuenta de que se tocan? Éstas son algunas de las muchas preguntas sobre las experiencias conscientes que la ciencia ha descifrado (las respuestas son «sí», y «dos o tres»). También hay cuestiones que los científicos intentan resolver, como cuánto tarda una persona en ser consciente visualmente de un estímulo. Aunque existe cierta controversia sobre cómo organizar experimentos para investigar este aspecto, se llevan a cabo y los resultados han despertado el interés de filósofos y otros interesados en averiguar si los tenistas tienen tiempo de ser conscientes de la pelota antes de devolver un saque rápido.

Los científicos también investigan las causas y los efectos del dolor, el papel de la atención consciente en la acción, el efecto de la meditación en la atención y la percepción visual, auditiva y olfativa, por nombrar sólo algunas de las características ontológicamente subjetivas del mundo que se prestan a la investigación científica. Más allá de esto, algunos neurocientíficos emplean imágenes de resonancia magnética funcional para medir la actividad cerebral con el fin de sondear los «correlatos neurales de la conciencia». Los correlatos neuronales de la percepción consciente de una manzana, por ejemplo, son las partes del cerebro que están más activas cuando percibimos la manzana conscientemente y menos activas cuando nuestra percepción de ella es inconsciente. Y los científicos han descubierto que la estimulación eléctrica intracraneal de varias zonas del córtex prefrontal puede producir sentimientos de ansiedad, sensaciones olfativas y gustativas, ganas de moverse y reír, y otras experiencias conscientes.

Además, hay teorías de la conciencia que, aunque muy especulativas, son elaboradas por científicos, como el Espacio de Trabajo Global del psicólogo Bernard Baars y la teoría de la Información Integrada del neurocientífico Giulio Tononi. Así pues, existe una ciencia de la conciencia.

El problema difícil

¿Puede la ciencia desvelar «cómo es» la experiencia consciente? Hay quien sostiene que las actuales teorías científicas de la conciencia sólo investigan las causas y los efectos de la experiencia consciente: qué hace el cerebro cuando uno es consciente y cómo actúa durante determinadas experiencias conscientes, por ejemplo. Y las causas y efectos de la experiencia consciente no son lo mismo que la experiencia consciente. Lo que realmente queremos entender es la naturaleza de la conciencia. Este es el «problema difícil», como dice David Chalmers, y es mucho más difícil de resolver.

El «problema difícil» surge, según Chalmers, porque la ciencia caracteriza el mundo «estructuralmente», es decir, caracteriza el mundo en términos de lo que las cosas hacen, pero no en términos de lo que las cosas son. Como mencioné en el capítulo 3, a veces se piensa que la física sólo revela cómo se comportan las cosas: aprendemos que un cuerpo con mayor masa tiene más inercia y que la masa de un cuerpo no varía con los cambios en la gravedad, que la luz se comporta como partícula y como onda y se ralentiza al pasar por el aire. Sin embargo, no aprendemos qué es la masa o la luz aparte de un conjunto de comportamientos. De la física aprendemos que las cargas opuestas se atraen, las cargas semejantes se repelen y que la carga neta de cualquier sistema aislado nunca varía, pero no aprendemos qué es la carga en sí misma. Al igual que un plano estructural de un edificio en el que se detalla cómo debe construirse sin las notas que especifican qué materiales deben utilizarse, la descripción estructural del mundo expuesta por la física deja abierta la naturaleza material o intrínseca de lo que describe. La conciencia, sostiene Chalmers, no es una característica estructural del mundo; por tanto, la ciencia nunca podrá sondear su «naturaleza intrínseca»; sólo puede revelar lo que hace la conciencia y no cómo es ser consciente.

Se puede plantear el problema así: aunque descubriéramos, como propusieron en su día Francis Crick y Christof Koch, que las experiencias conscientes se producen cuando y sólo cuando hay oscilaciones de 35-73 hercios en la corteza cerebral, nos seguiría quedando la pregunta de por qué estas oscilaciones (y no otras) producen experiencias conscientes; nos seguiríamos preguntando cómo surge la experiencia consciente de la pesada materia gris.

No todos los filósofos piensan que el problema difícil sea mucho más difícil que los llamados problemas fáciles, y algunos piensan que resolver los problemas fáciles -identificar los correlatos neuronales de la conciencia, desarrollar mejores teorías de la atención, la memoria, la percepción- equivaldrá a resolver el problema difícil. Una vez que hayamos resuelto los detalles, el gran problema desaparecerá». En cambio, Chalmers opina que el problema difícil seguiría existiendo. Esto no significa, explica, que no pueda haber ciencia de la copiosidad. Podría haberla, piensa, pero no proporcionaría una explicación reductiva de la conciencia. Más bien, una ciencia de la consciencia necesitaría plantear la consciencia como una característica fundamental del mundo. Y si la conciencia es fundamental, argumenta, deberíamos esperar que, al igual que otras características fundamentales del mundo –masa, carga, espín–, fuera omnipresente; deberíamos esperar encontrarla no sólo en los humanos y no sólo en todas las criaturas sensibles, sino también en formas de vida más simples, como las plantas, e incluso en objetos inanimados. Aunque esta postura, que es una forma de panpsiquismo, pueda parecer absurda, Chalmers argumenta que es menos absurda que la idea de que la conciencia pueda explicarse estructuralmente.

La función de la conciencia

¿Cuál es la función de la conciencia? Los filósofos de la mente reflexionan sobre la función de la conciencia no sólo porque el tema es intrínsecamente interesante, sino también porque es relevante para el problema mente-cuerpo, ya que si la conciencia no tiene ninguna función, la opinión radical de que la conciencia no existe, según algunos, obtiene apoyo. Si todo lo que hacemos podría hacerse igual de bien si no fuéramos conscientes, ¿para qué pensar que, para empezar, somos conscientes? Una respuesta natural a la pregunta

«¿para qué sirve la conciencia?» es que la conciencia guía la acción y sirve como espacio de trabajo para el razonamiento. Cuando tienes que decidir qué ropa ponerte por la mañana, consideras conscientemente el tiempo que hace. Cuando realizas un cálculo matemático, consideras conscientemente tus cálculos, y antes de una conversación importante, puedes ensayar conscientemente lo que tienes que decir. También es natural decir que la experiencia consciente te motiva: la experiencia consciente de un músculo sobrecargado puede motivarte a ajustar tu postura de yoga; la experiencia consciente de comer una chocolatina puede motivarte a comprar otra.

Todo esto parece obvio, pero, como seguro que ya sabrá, la aparente obviedad de un punto de vista rara vez impide a los filósofos argumentar en su contra, y algunos filósofos piensan que la conciencia, a pesar de las apariencias, es epifenoménica (no tiene propósito). Los epifenomenalistas señalan que parece que somos capaces de hacer muchas cosas sin atención consciente: un camionero que recorre largas distancias puede conducir de forma competente sin tener conciencia de la carretera; las personas con «vista ciega» –un déficit visual que las deja ciegas en parte de su campo visual– pueden moldear correctamente sus manos cuando se les pide que alcancen un objeto en su campo ciego; y los atletas a veces responden a señales visuales en menos tiempo del que tarda la conciencia en darse cuenta de esas señales. Además, sostienen que las motivaciones inconscientes, y no las conscientes, son la fuerza motriz de la vida.

Sin embargo, estos supuestos ejemplos de acciones guiadas inconscientemente han sido cuestionados. ¿Los conductores de camiones de larga distancia no son realmente conscientes de la carretera? ¿Quizás son conscientes de su conducción pero olvidan rápidamente de qué eran conscientes? ¿Las personas con ceguera tienen un déficit en su percepción consciente o simplemente en su capacidad de informar sobre la percepción consciente? Volviendo a la discusión sobre la a-conciencia frente a la p-conciencia, ¿podrían ser meramente

¿son conscientes de los estímulos visuales de su campo ciego? El tiempo que se tarda en ser consciente de algo es una incógnita, por lo que también es una incógnita si los atletas se encuentran alguna vez en situaciones en las que necesitan actuar antes de registrar conscientemente un estímulo. Y quizá los supuestos deseos inconscientes se entiendan mejor como deseos conscientes que a uno no le gusta admitir que tiene. Además, parece que estos ejemplos, en el mejor de los casos, podrían demostrar que la consciencia es epifenoménica en determinadas situaciones.

Si la conciencia no tiene ninguna función, cabe preguntarse cómo evolucionó. No sabemos cuándo evolucionó y algunos piensan que, de hecho, no lo hizo, que la conciencia es en cambio lo que los biólogos evolucionistas Stephen Jay Gould y Richard Lewontin llaman un «spandrel», un subproducto de otros rasgos que confieren una ventaja selectiva. Gould y Lewontin toman prestado el término de la arquitectura, donde se refiere a los dos espacios aproximadamente triangulares que quedan a cada lado de la parte superior de un arco delimitado por un muro rectangular. Del mismo modo que la creación de las enjutas no es el objetivo, sino un resultado necesario de la construcción de un arco, la conciencia, piensan algunos, no fue seleccionada por la evolución, sino que es el resultado de rasgos neurológicos que sí lo fueron.

No cabe duda de que los rasgos biológicos que no se seleccionaron directamente pueden, mediante la «exaptación», llegar a servir a un propósito útil y, de hecho, las enjutas arquitectónicas diseñadas artísticamente pueden ofrecer placer estético e inspiración religiosa. Sin embargo, los que piensan que la conciencia no tiene ninguna función consideran que no aporta ningún beneficio. Si esa idea le inspira una reacción emocional, pase página.

6

EMOCIONES

Imagínese que está en la cama, en ese estado hipnagógico entre el sueño y la vigilia, cuando oye el crujido de las escaleras que conducen a su dormitorio. El corazón le late con fuerza y entra en estado de alerta. ¿Quién será? Te levantas para cerrar la cerradura, pero es demasiado tarde. La puerta se abre de golpe y Pineapple, tu golden retriever, salta a la cama. Aliviado, tu tensión baja y le pones la correa para sacarla a pasear.

¿Cómo debemos entender el trastorno emocional que acaba de sufrir? Al responder a esta pregunta, uno puede intentar discernir por qué oyó los familiares pasos de su perro como los de un intruso. Sin embargo, las preguntas sobre por qué se produce una reacción emocional ante un estímulo concreto son más propias de la psiquiatría que de la filosofía. Los filósofos, al menos en su trabajo como tales, se ocupan de características más generales de las criaturas sensibles. Y, cuando se trata de comprender las emociones, una de las cuestiones que investigan los filósofos de la mente es la más general de todas: ¿qué es una emoción? ¿Qué tiene una experiencia que la convierte en una experiencia de una emoción?

Algunas emociones parecen más complejas que otras: los celos o el Schadenfreude pueden tener más capas que desenterrar que la alegría. Y algunas personas –tus amigos que te llaman a medianoche para hablar durante horas de sus sentimientos– son lo que llamamos «emocionalmente complicadas». Pero los filósofos pueden encontrar complejidad en las cosas más sencillas, y la alegría no es una excepción.

¿Qué ocurre cuando se siente alegría? La mayoría diría que experimentamos alegría de forma consciente y que también se producen cambios corporales: se nos ilumina la cara. La alegría también suele ser una respuesta a algo: quizá te alegre reencontrarte con tu pareja tras una larga separación. La alegría puede tener comportamientos característicos: cuando estás contento, puede que te sientas motivado para saludar a desconocidos por la calle con un «buenos días». El miedo también tiene componentes. En la situación que imaginamos, además de la sensación de miedo, tuvimos una reacción fisiológica (el corazón se nos aceleró) y una reacción conductual (nos levantamos para cerrar la puerta); además, juzgamos lo que estaba ocurriendo (alguien estaba subiendo las escaleras) y estábamos en un estado mental determinado (alerta máxima). Estos procesos también requieren una explicación.

¿Debemos pensar que las emociones engloban necesariamente todos estos procesos corporales y psicológicos? ¿O es posible que algunos sean esenciales para el sentimiento, incluso que definan lo que es la emoción, mientras que otros son meros acompañantes? El filósofo estadounidense contemporáneo Jesse Prinz llama al problema de identificar los componentes de una emoción «el problema de las partes». Aunque hay filósofos que identifican las emociones con toda la narrativa, la mayoría se centra en ciertos rasgos de la narrativa, rasgos que entienden como primarios, con la división central entre los que entienden las emociones como sensaciones corporales y los que las entienden como juicios.

Teorías de la emoción basadas en el cuerpo

William James era partidario de la teoría de la emoción basada en el cuerpo. Para James, aunque las emociones pueden estar causadas por ciertas creencias –por ejemplo, la creencia de que había alguien en las escaleras– y aunque las emociones pueden llevarnos a hacer juicios –que el peligro inminente justificaba la acción–, esas creencias y juicios no forman parte de las emociones. Más bien, según James, una emoción es la conciencia de ciertos procesos corporales; el miedo es la conciencia del latido del corazón, las manos húmedas y los músculos tensos, que son respuestas corporales a lo que percibiste como pasos que se acercaban a la puerta de tu habitación.

El médico danés Carl Lange, uno de los contemporáneos de James, llegó independientemente a una idea similar, tan similar que es frecuente encontrar en la literatura filosófica y psicológica sobre la emoción referencias a la teoría James-Lange de la emoción. Sin embargo, Lange fue más allá y argumentó que las emociones son los propios cambios corporales. Así, según Lange, el miedo no es más que el corazón palpitante y las manos húmedas.

El punto de vista de James, en contraste con el de Lange, es que las emociones no son las perturbaciones corporales en sí mismas, sino más bien la experiencia de tales perturbaciones y, aunque no es tan radical, invierte lo que naturalmente pensamos como el orden causal de las emociones y los estados corporales. Según James, «sentimos pena porque lloramos, nos enfadamos porque golpeamos, tenemos miedo porque temblamos». El punto de vista de James implica, por tanto, que en lugar de que el miedo provoque que el corazón se acelere, es el latido rápido del corazón el que provoca el miedo (véase la figura 7).

La misma conexión causal se aplica a otras emociones: la tristeza, por ejemplo, no es la causa de una respuesta corporal a la noticia de un suceso trágico, sino más bien la conciencia de determinadas respuestas corporales a esta noticia. No lloramos ni nos volvemos letárgicos porque nos sintamos tristes, sino que nuestra tristeza es una toma de conciencia de las sensaciones corporales que acompañan al llanto y al letargo. Cuando en Moby-Dick, de Melville, Ishmael se encuentra «con la boca cada vez más adusta», el sentimiento de nuestro protagonista, según James, es literalmente un conocimiento o conciencia de la tensión descendente en sus comisuras orales.

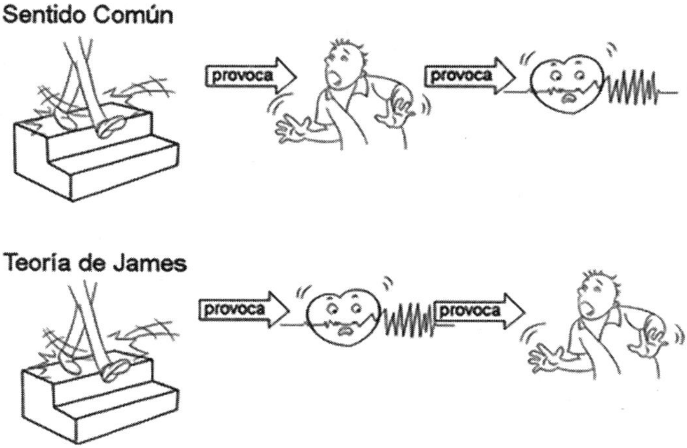

Figura 7. El sentido común y la concepción de James de la emoción.

Los filósofos contemporáneos que defienden las descripciones de las emociones basadas en el cuerpo creen que, si no es la descripción exacta de James, al menos algo parecido es correcto. Señalan que existen sólidas correlaciones entre los estados corporales y las emociones. Cuando tienes miedo, tu corazón se acelera; cuando te avergüenzas, te sonrojas; cuando estás triste, lloras. Además, las sustancias que modifican nuestras sensaciones corporales también pueden alterar las emociones. El alcohol puede cambiar las emociones, y hay indicios de que tomar un analgésico, como el paracetamol, puede aliviar no sólo los dolores corporales, sino también los sentimientos asociados al rechazo romántico, los desaires y el ostracismo. Una posible explicación de por qué el paracetamol tiene este efecto es que experimentar estas emociones consiste simplemente en ser consciente de las sensaciones corporales relevantes; si se atenúa la sensación, se habrá atenuado la emoción. Además, los defensores de las teorías basadas en el cuerpo señalan que la idea de «fingir hasta conseguirlo» funciona con las emociones: curvar los labios en una sonrisa cuando no se está contento hace que uno se sienta mejor.

Las teorías de las emociones basadas en el cuerpo también se apoyan en prácticas como el yoga o la meditación, que hacen hincapié en que calmar la respiración ayuda a reducir la ansiedad. Si las emociones no son más que la conciencia de los estados corporales, la modulación de los estados corporales modularía las emociones.

James pensaba que la mejor prueba de su punto de vista provendría de los estudios de personas que habían perdido la sensibilidad corporal, como podría ocurrir en casos de lesiones graves de la médula espinal. Si esa pérdida sensorial se correlacionaba con una respuesta emocional minimizada, eso sugeriría que la conciencia de los propios estados corporales es esencial para la emoción.

¿Hasta qué punto son sólidas estas líneas de apoyo a la explicación de las emociones basada en el cuerpo? Los datos empíricos sobre cómo afecta la lesión medular a las emociones son indeterminados, e incluso si los datos indicaran claramente que los tetrapléjicos tienen un afecto disminuido, seguiría existiendo la cuestión de cómo interpretar estos resultados. ¿Sus respuestas emocionales disminuidas se deben a una falta de conciencia corporal o podrían deberse a algo más, como el aislamiento social que algunos tetrapléjicos pueden experimentar? O digamos que los tetrapléjicos no muestran ningún signo de afecto reducido. ¿Se debe esto a que el cuerpo no es esencial para la emoción o a que la conciencia facial basta por sí sola para producir emoción?

El estudio sobre el paracetamol también se presta a otras interpretaciones. Quizá el paracetamol alivia el dolor emocional porque alivia el dolor físico que causa el dolor emocional. Un ataque de depresión, si este fuera el caso, podría estar causado por la percepción de un nervio pinzado en lugar de constituido por él. Además, tal vez calmar la respiración mitigue la ansiedad no porque al hacerlo ya no seamos conscientes de la respiración acelerada, sino porque concentrarse en un ritmo suave calma la ansiedad.

El argumento de la resta

Aunque la investigación dentro de la filosofía de la mente con respecto a las emociones se basa en datos empíricos más que muchas otras áreas de la filosofía de la mente, James y los defensores contemporáneos de las teorías de las emociones basadas en el cuerpo también se apoyan en ese viejo caballo de batalla filosófico, el experimento del pensamiento, para apoyar su punto de vista. El experimento mental que emplean, el «argumento de la sustracción», nos pide que imaginemos lo que queda de una emoción después de sustraer los procesos corporales pertinentes. Por ejemplo, imaginemos que estás enfadado o enfadada con tu supervisor por haberle citado para trabajar durante las vacaciones de invierno. A tu compañero de trabajo nunca le pide que vaya a la oficina durante las vacaciones porque tiene niños que cuidar en casa. Te parece injusto y te hierve la sangre. Ahora quita el calor y otras sensaciones corporales relevantes de este escenario. ¿Qué nos queda? James argumenta que cuando eliminamos la conciencia de las sensaciones corporales, lo que queda es sólo un juicio descarnado de injusticia carente de contenido emocional. En palabras de James, «si nos apetece una emoción fuerte y luego intentamos abstraer de nuestra conciencia de ella todos los sentimientos de sus síntomas corporales característicos, descubrimos que no nos queda nada, ninguna «materia mental» a partir de la cual pueda constituirse la emoción, y que lo único que nos queda es un estado frío y neutro de percepción intelectual».

El argumento de la sustracción de James se aplica igualmente bien a otras emociones. ¿Qué quedaría de tu alegría por irte de vacaciones si anestesiáramos el sentimiento corporal de euforia? Creería que es extraordinariamente feliz. Sin embargo, los defensores de las teorías basadas en el cuerpo sostienen que esta simple creencia no es una emoción.

Problemas para las teorías basadas en el cuerpo

Los detractores de la teoría de James señalan a veces que no explica las emociones inconscientes. Aunque tenemos emociones conscientes, se suele pensar que también tenemos sentimientos que yacen bajo la superficie, sentimientos que un psiquiatra o un amigo íntimo podrían saber que tenemos aunque nosotros mismos no lo sepamos. Estas emociones son capaces de afectar a nuestro comportamiento –por ejemplo, un miedo inconsciente al rechazo puede interferir en nuestra capacidad para entablar una relación sentimental duradera–, pero actúan sobre nosotros entre bastidores. Esto es un problema para James. Si una emoción es la conciencia de un cambio corporal, entonces las emociones son necesariamente conscientes. Según James, temer el rechazo es experimentar conscientemente ciertos cambios corporales (aumento del ritmo cardíaco, tensión corporal, etc.) provocados por pensamientos sobre compromisos amorosos a largo plazo.

También cabe preguntarse cómo puede explicar un relato basado en el cuerpo las emociones de un actor que se siente alegre pero está representando una tristeza. Esto sería un problema para la explicación basada en el cuerpo, ya que el cuerpo del actor adoptaría una postura triste y el actor sería consciente de esta postura corporal, pero no se sentiría triste. También parece haber emociones que no tienen estados corporales característicos –la culpa podría ser un ejemplo–, así como emociones diferentes que tienen una manifestación corporal común –el enfado y el miedo elevan el ritmo cardíaco–. Además, las emociones pueden mostrar intencionalidad (pueden referirse a cosas): puedes estar contento por haber completado una maratón, triste por la pérdida de un ser querido o nostálgico por la casa de tu infancia. Pero no parece que los sentimientos corporales tengan que ver con esas cosas y, como ya se comentó en el capítulo 4, puede que ni siquiera tengan que ver con nada.

Los defensores de las descripciones de las emociones basadas en el cuerpo tienen respuestas a estas objeciones. Partiendo de una teoría estrictamente jamesiana, Prinz, por ejemplo, sostiene que experimentar una emoción es percibir un estado corporal, más que sentir o ser consciente de un estado corporal. Puesto que la percepción no tiene por qué ser consciente, esto permite emociones inconscientes basadas en el cuerpo. Los teóricos del cuerpo también tienen una visión amplia de lo que se considera un cambio corporal. Los cambios fisiológicos internos cuentan, y esto podría explicar por qué el actor estaba feliz aunque exteriormente pareciera triste. Los teóricos del cuerpo también se preguntan si, cuando se tiene en cuenta esta visión más amplia de los cambios corporales, existen realmente emociones diferentes que tienen la misma firma corporal. Por último, de acuerdo con la explicación causal de la intencionalidad, que también se trató en el capítulo 4, los defensores de las descripciones de la emoción basadas en el cuerpo argumentan que los estados corporales adquieren intencionalidad al estar sistemáticamente conectados con los acontecimientos del mundo. Dado que ver serpientes provoca sistemáticamente un aumento de la frecuencia cardíaca en los seres humanos, esa frecuencia cardíaca elevada pasa a representar el miedo.

Una objeción que queda es que las emociones parecen tener un componente normativo –pueden ser racionales o irracionales– y no está claro cómo las teorías basadas en el cuerpo pueden explicar esto. Por ejemplo, si uno gritara de terror al ver a Piña en la puerta, sería irracional; si uno se sintiera eufórico al oír una buena noticia, sería racional. Pero los estados corporales no son ni racionales ni irracionales. Algunos teóricos del cuerpo han ampliado sus teorías para incluir las valoraciones, mientras que otros han intentado exprimir la normatividad de la relación causal entre las emociones y lo que las provoca. Otros filósofos toman la normatividad de las emociones como una razón para rechazar por completo los puntos de vista basados en el cuerpo.

Teorías de las emociones basadas en el juicio

¿Cómo entender si no su miedo al oír pasos medidos hacia la puerta de su habitación? Según las teorías de las emociones basadas en el juicio, el miedo en nuestro primer escenario imaginario se debe a que pensamos que un intruso está a punto de entrar en nuestra habitación. Puesto que los juicios pueden ser racionales o irracionales, estas teorías están diseñadas para explicar la normatividad de las emociones. También son adecuadas para explicar la intencionalidad de las emociones. Los juicios se refieren claramente a cosas: se juzga a los intrusos, a los ganadores de premios, a los miembros de la familia. Y los juicios diferencian fácilmente emociones como la ira y el miedo y pueden dar sentido a emociones que no parecen tener un perfil corporal característico, como la culpa. Además, estas teorías pueden explicar fácilmente al actor que dramatiza el sentimiento de pena pero se siente feliz y al paralítico que siente emociones. Por estas razones, los defensores de las teorías basadas en el juicio las consideran preferibles a los relatos basados en el cuerpo.

¿Y qué ocurre con el argumento de la sustracción de James? La filósofa Martha Nussbaum, que defiende un relato basado en el juicio, esgrime su propio argumento de sustracción. Nos pide que pensemos en el dolor. Aunque admite que sus sentimientos de pena suelen coincidir con ciertas sensaciones y cambios corporales, argumenta que si un médico comprobara su presión sanguínea y su ritmo cardíaco y descubriera que no se han producido los cambios corporales pertinentes, esto no proporcionaría ninguna razón para pensar que no está afligida: «si mis manos y mis pies estuvieran fríos o calientes, sudorosos o secos, de nuevo esto no tendría ningún valor crítico». En otras palabras, en contra del argumento jamesiano de la sustracción, Nussbaum sostiene que podemos eliminar todas las sensaciones corporales sin eliminar la emoción. Lo que importa de una emoción, según los argumentos basados en el juicio, es lo que ocurre en la cabeza y no en el corazón: las emociones son las creencias y los juicios que uno tiene, no la conciencia del ritmo cardíaco u otros procesos corporales.

Problemas para la cuenta basada en el juicio

La teoría basada en el juicio, aunque tiene sus ventajas, también tiene sus inconvenientes. Por ejemplo, solemos pensar que algunos animales no humanos sienten emociones. Los perros, como sabe cualquier dueño, se alegran cuando sus dueños los sacan a pasear y se entristecen cuando los abandonan a su suerte. Pero ¿los perros juzgan? Los niños tienen una serie de emociones, pero si los juicios requieren lenguaje y los niños son prelingüísticos, parece que no hacen juicios.

Otro problema es que a veces sentimos emociones que no coinciden con nuestra opinión. Por ejemplo, puedo pensar que una montaña rusa es perfectamente segura y, sin embargo, sentir miedo cuando me subo a ella. Si las emociones no son más que juicios, si considero que la montaña rusa es segura, debería sentir que lo es. Y las emociones pueden ser recalcitrantes: cuando te enteras de que Pineapple era el intruso, ya no juzgas la situación como amenazante, pero tu miedo puede haber persistido. Los teóricos del cuerpo también señalan que a menudo juzgamos sin experimentar emociones. Puedo pensar que cruzar la calle en contra del semáforo es peligroso, pero no sentir miedo. Por último, al relegar las sensaciones y los cambios corporales a meros acompañantes de las emociones, las teorías basadas en el juicio resultan frías, más propias de un robot que de un ser humano.

Los teóricos del juicio tienen respuestas a estas objeciones. Emitir un juicio no requiere el uso del lenguaje, y cuando consideras que una montaña rusa es segura pero sientes miedo, estás emitiendo dos juicios contradictorios: una parte de ti considera que es segura y otra que es peligrosa. Y lo mismo ocurre con las emociones recalcitrantes: después de que Pineapple entre, valoras la situación como segura pero también juzgas que sigues estando en peligro. Por último, el sentido relevante del juicio, argumentará el teórico del juicio, es el juicio en el sentido completo de incorporar la creencia. El miedo no es sólo el juicio de que una situación es peligrosa, sino que es el juicio junto con la creencia de que es peligrosa. Cuando se añaden creencias a la ecuación, no se dan casos en los que la parte mental de la ecuación (el juicio y la creencia) esté presente sin la emoción, afirman. Y en cuanto a si el punto de vista del juicio es demasiado frío para dar cuenta de las emociones, esto simplemente se rechaza: lo que postula como emociones no es ni más frío ni menos frío que las emociones mismas.

Emociones encarnadas

Algunos filósofos sostienen que los procesos mentales están «encarnados», lo que significa que el cuerpo (en el sentido, generalmente, de torso, extremidades, cabeza, cuello, pero no cerebro) es parte integrante de nuestra arquitectura mental, hasta el punto de que una mente desencarnada no tiene sentido; pensar, percibir, juzgar, experimentar son, al menos hasta cierto punto, formas de mover el cuerpo. Inspirándose en parte en el fenomenólogo francés del siglo XX Maurice Merleau-Ponty, los teóricos de la corporeidad subrayan que lo experimentamos todo con el cuerpo: «la carne está en el corazón del mundo», como decía Merleau-Ponty.

¿Podrías ser un cerebro sin cuerpo, un cerebro alojado en una cuba de nutrientes vitales, conectado por cables a un ordenador que proporciona información sensorial? ¿Y no es posible experimentar el dolor del miembro fantasma de un amputado sin el miembro en cuestión? Los teóricos de la corporeidad sostienen que un cerebro en una cuba, si es que tal cosa es posible, sólo tiene emociones y otras experiencias si se mantiene en un baño de nutrientes y recibe información sensorial, y que esas externalidades cuentan como el cuerpo del cerebro. El dolor fantasma de un amputado también tiene una manifestación corporal, que provoca comportamientos en el resto del cuerpo. Según Alva Noë, filósofo estadounidense contemporáneo y partidario de la teoría de la mente incorporada, la experiencia perceptiva «no es algo que nos ocurra, o en nosotros», sino «algo que hacemos».

La teoría de la personificación de la emoción coincide con las teorías de James y Lange, pero también difiere de ellas. James distingue, por ejemplo, entre la sensación de los cambios corporales que resultan de un sonido aterrador y los cambios corporales en sí, pero para el teórico de la corporeización, la dicotomía entre mente y cuerpo es falsa. Y mientras Lange ve las emociones como estados corporales controlados por el sistema nervioso autónomo, que controla acciones involuntarias como el ritmo cardíaco y la piloerección (piel de gallina), los teóricos de la corporeización suelen relacionar las emociones con el sistema nervioso somático, que controla acciones voluntarias como alcanzar objetos y caminar.

La explicación encarnada de las emociones también tiene un tinte conductista. Si recuerdas el capítulo 2, el conductista entiende que los estados mentales no son más que ciertos tipos de comportamiento corporal (así como la disposición a comportarse de ciertas maneras). Y según el teórico de la corporeización, todos los procesos mentales se distribuyen en el cuerpo, en los movimientos de las extremidades o en el fruncimiento del ceño, en el cierre del puño. El gesto», dice Merleau-Ponty, «no me hace pensar en la cólera, es la cólera misma». Sin embargo, en su mayor parte, el teórico de la corporeidad no pretende eliminar la experiencia de la conciencia en primera persona.

Para los teóricos de la corporeidad, el cuerpo desempeña el papel principal, si no exclusivo, en el teatro de la mente. Por ejemplo, algunos defensores de la tesis de la mente corporeizada entienden que los atletas y bailarines piensan con el cuerpo y los escritores, literalmente, con las manos. Y el cuerpo no tiene por qué ser de carne y hueso. Por ejemplo, si tienes prótesis en las manos, una vez que estén totalmente integradas en tus acciones, podrías pensar con tus prótesis. Los teóricos de la personificación recurren a la fenomenología, o percepción en primera persona, que sugiere que los amputados incorporan prótesis a su imagen corporal para apoyar su opinión de que el pensamiento puede extenderse a un apéndice protésico.

¿Podría pensar a veces con algo que ni siquiera forma parte de su cuerpo, algo de lo que no tiene experiencia fenomenológica alguna? El próximo capítulo aborda esta cuestión.

7

MENTES DIGITALES

¿Cuántos números de teléfono de tus amigos puedes recitar? Probablemente no muchos, o quizá ninguno. En principio, no dedicar tiempo a memorizar números de teléfono debería darnos más tiempo para pensar en las cosas que realmente importan –graduarse en medicina, casarse, la primera sonrisa de tu bebé–, pero en la práctica es más fácil hacer una foto.

¿La facilidad con la que adquirimos información a través del teléfono ha provocado la contracción de la memoria humana? ¿O deberíamos pensar en nuestros teléfonos como dispositivos de expansión de la memoria, que no se limitan a mitigar nuestras menguantes capacidades mentales, sino que las amplían, haciéndonos más inteligentes, más rápidos y más capaces de recordar información?

Las cuestiones sobre la interfaz humano-digital y las perspectivas de la inteligencia artificial se estudian en la filosofía de la mente no sólo porque son intrínsecamente interesantes –en los últimos cincuenta años, el número de transistores por chip se ha duplicado cada dos años, aproximadamente, y es natural preguntarse adónde conducirá esta tendencia–, sino también por lo que pueden revelar sobre el problema mente-cuerpo: si los ordenadores tienen pensamientos, entonces los dispositivos físicos pueden pensar y comprender. Nuestro cerebro podría ser uno de esos dispositivos físicos.

¿Dónde piensa?

Cuando está inmerso en sus pensamientos, ¿siente cómo trabaja su cerebro? Después de horas y horas abordando un problema difícil, puede que diga que su cerebro está cansado, pero ¿experimenta ese cansancio como si estuviera en su cabeza? En términos más generales, ¿puede la introspección identificar dónde tiene lugar nuestro pensamiento?

Se debate si existe una fenomenología del pensamiento. Algunos filósofos sostienen que sí. Galen Strawson, por ejemplo, nos pide que consideremos la diferencia entre escuchar un idioma que entendemos y otro que no. Las dos experiencias, argumenta, son fenomenológicamente distintas; se sienten como experiencias diferentes; ergo, hay algo que se siente al entender cada una de ellas, y puesto que entender una lengua requiere pensamiento, hay algo que se siente al pensar. Otros no están tan seguros, pero en cualquier caso, aunque haya algo parecido a pensar, de ello no se deduce que se tenga una experiencia del lugar donde se piensa.

Si la conciencia introspectiva proporcionara una visión directa de dónde tiene lugar el pensamiento,

Figura 8. El antiguo dios egipcio de la escritura, Thoth, con cabeza de ibis, registra el peso del corazón del escriba Hunefer contra la pluma de Maat, que representa la verdad, la justicia, el equilibrio y el orden. Del Libro de los Muertos, Papiro de Ani, c.1250 a.C.

entonces incluso las culturas antiguas deberían haber tenido la sensación de que el pensamiento se produce en el cerebro. Sin embargo, el cerebro no siempre ha sido considerado el emperador del pensamiento. Los antiguos egipcios, por ejemplo, sostenían que el corazón era el lugar de la cognición, y desechaban el cerebro pero conservaban el corazón durante la momificación, que, según creían, se pesaba en la otra vida para determinar si el difunto iría al cielo (Figura 8). En la Grecia antigua, la visión de la mente basada en el corazón o «cardiocéntrica» de Aristóteles se basaba en su trabajo sobre la disección de animales, que reveló que el corazón era el origen de las venas del cuerpo, mientras que la visión basada en el cerebro o «cefalocéntrica» de Platón no se inspiraba en la introspección, sino en el trabajo del médico y anatomista Alcmeón de Crotona.

Aunque la cuestión del corazón o el cerebro hace tiempo que se resolvió a favor del cerebro, los filósofos que piensan que la mente se extiende a nuestros dispositivos digitales no ven esto como el final de la historia. Sí, el pensamiento está en el cerebro, dicen, pero no se limita a él; cuando el cerebro está conectado al teléfono, es el sistema cerebro-teléfono el que piensa.

La mente ampliada

Imagina que Inga y Otto planean visitar el Museo de Arte Moderno. Inga ya ha estado allí antes. Reflexiona un momento sobre su ubicación y se dirige hacia la calle 53 Oeste. Otto también ha visitado el museo. Sin embargo, como sufre una forma peculiar de amnesia que afecta selectivamente a su capacidad para formar recuerdos cerebrales a largo plazo de la ubicación de los edificios, Otto no puede recordar los lugares como Inga. Sin embargo, su amnesia no le impide ir al museo, ya que tiene un cuaderno, siempre a mano, en el que están anotadas las direcciones de todos los lugares que le gusta frecuentar. Lo consulta, pasa las páginas hasta «M», mantiene el libro abierto y acaba encontrándose con Inga delante de su cuadro favorito: La persistencia de la memoria, de Dalí. ¿Qué debemos decir del recuerdo que Otto tiene de la ubicación del museo? ¿Otto no lo recuerda?

¿O es que la memoria de Otto sobre la ubicación está almacenada en su cuaderno?

Este experimento mental es una variación del que David Chalmers y Andy Clark idearon para defender la idea de que nuestras mentes se extienden más allá de los confines de nuestras cabezas. Al igual que Inga recuerda dónde está el museo porque su ubicación está grabada en su cerebro, Otto, según ellos, recuerda dónde está el museo porque su ubicación está grabada en su cuaderno; al igual que Inga creía que el museo estaba en la 53 Oeste antes de consultar su memoria –es una de sus muchas «creencias permanentes» (creencias que tiene tanto si piensa en ellas como si no)– Otto creía que el museo estaba en la 53 Oeste antes de consultar su cuaderno porque su cuaderno, cuando está guardado, contiene sus creencias permanentes sobre la ubicación de los edificios. Chalmers y Clark afirman que, en todos los aspectos relevantes, el cuaderno de Otto funciona como una memoria basada en el cerebro: suele estar disponible cuando se necesita, es fácil y habitual confiar en él y, en general, se acepta irreflexivamente como verdadero. Cuando los amputados dependen de miembros protésicos, no nos sentimos obligados a decir que esos miembros no forman parte de su cuerpo; una pierna protésica se convierte en la pierna del amputado. Del mismo modo, según Chalmers y Clark, el cuaderno de Otto debería considerarse una parte real de su mente y no un mero aide-mémoire.

Chalmers y Clark defienden además su idea de que la mente puede extenderse más allá de los confines del cráneo invocando lo que se ha dado en llamar el «principio de paridad». Según este principio, un proceso en el mundo externo cuenta como parte de la mente si se da el caso de que el proceso sería un proceso mental si ocurriera dentro de la cabeza. En lo que respecta al cuaderno de Otto, el principio de paridad establece que su contenido forma parte de su mente porque, si su contenido estuviera grabado en su cerebro y el proceso de consultarlo ocurriera internamente (si, en lugar de abrir las páginas del libro y pasar a la M de museos, recorriera el alfabeto en su mente), Otto estaría consultando su memoria. Otto e Inga acceden a la información sobre la ubicación de los edificios de forma diferente, pero dado que el contenido de su cuaderno formaría parte del contenido de la mente de Otto si estuviera almacenado internamente, el principio de paridad establece que cuando Otto consulta su cuaderno, está consultando su mente.

¿Debemos aceptar el principio de paridad? Los defensores del principio reconocen que existen importantes diferencias entre las creencias de Otto e Inga sobre la ubicación del museo. Por ejemplo, Otto debe realizar algunos pasos para acceder a su memoria basada en un cuaderno, mientras que para Inga el proceso es casi automático. Otto podría dejar accidentalmente su cuaderno en el andén del metro, mientras que lo que está inscrito en el cerebro de Inga siempre va con ella en el tren. ¿Son relevantes estas diferencias para la cuestión de si la mente de Otto se extiende a su cuaderno? Los recuerdos cerebrales también pueden tardar en aparecer. A veces nos detenemos a reflexionar antes de recordar el nombre de alguien, y podemos creer que el número de días de enero es treinta y uno aunque tengamos que acceder a esta creencia repasando la cancioncilla de la infancia. Y, aunque no los dejamos en los andenes del metro, a veces perdemos nuestros recuerdos cerebrales.

Otra diferencia entre la memoria basada en el cerebro y la memoria basada en el cuaderno es que la memoria basada en el cerebro es más lábil, ya que se revisa a menudo, mientras que la información del cuaderno de Otto es estática. Pero no sólo Otto podría revisar su cuaderno, sino que, al parecer, si tuviéramos recuerdos intransitorios, no dejarían de ser recuerdos. Sin embargo, otra persona podría revisar el cuaderno de Otto sin su consentimiento. Cierto, pero tampoco consentimos ni permitimos explícitamente la entrada a todo lo que se almacena en nuestros recuerdos cerebrales. Un neurocirujano malvado que quiera críticas elogiosas podría manipular encubiertamente tu cerebro, insertando la creencia de que una operación chapucera fue un éxito. De hecho, se podría incluso decir que la educación infantil tiene como objetivo insertar creencias en nuestras cabezas, queramos o no que estén ahí.

¿Hasta dónde llega la mente según los «mente-ampliadistas»? Gracias a un mapa en línea del Departamento de Parques y Actividades Recreativas de Nueva York, puedes acceder a la especie y la ubicación de todos los árboles de las calles de la ciudad. Si la información del mapa estuviera almacenada en tu cabeza, probablemente diríamos que tienes una memoria excepcional para los árboles de las calles de Nueva York. Pero tal y como están las cosas, ¿es correcto decir que recuerdas o al menos sabes o tienes la creencia permanente de que hay un roble pino en la esquina de la calle 22 con la avenida Lexington? ¿Por qué limitarse a los mapas digitales? El mundo está repleto de información. Si te preguntara cuántos puentes hay en Nueva York, podrías recorrer los cinco distritos en bicicleta y contar los 2.027 que hay. Si tuviéramos una representación de la ciudad almacenada en la cabeza y nos imagináramos recorriéndola en bicicleta contando puentes, estaríamos recurriendo a procesos mentales para dar con la respuesta. Entonces, ¿toda Nueva York forma parte de tu mente?

Además de la cuestión de hasta dónde se extiende la mente, también se quiere saber cuándo se extiende. El experimento mental de Chalmers y Clark se refiere a alguien con un déficit de memoria, y quizá nos sintamos más inclinados a extender la mente de quienes sufren una pérdida de memoria (cerebral). Empleamos los testamentos vitales, que especifican las preferencias personales en cuanto a los cuidados médicos y al final de la vida, en caso de que uno ya no pueda expresarlas. Tal vez, al crear un testamento vital, uno carga sus preferencias en un papel. Sin embargo, la cuestión se complica, ya que los especialistas en ética no se ponen de acuerdo sobre si las directrices del testamento vital expresan necesariamente las preferencias personales cuando uno ya no puede hacerlo por sí mismo. Y entonces, ¿qué debemos decir sobre el testamento vital? Chalmers y Clark sostienen que es el «sistema acoplado» (la persona más el cuaderno) el que alberga las creencias relevantes. ¿Podría haber un sentido en el que los deseos de uno persistan dentro de un testamento incluso después de sufrir el mayor de los déficits de memoria, la muerte? ¿Podría el concepto de mente extendida ayudarnos, sin depender de la idea de un alma inmortal, a dar sentido a nuestra fuerte obligación de acatar los deseos de una persona después de que haya muerto?

¿Y la conciencia? ¿Se extiende más allá de la piel? Cuando otorgamos un poder a alguien, ¿creamos nuestras decisiones conscientes en el cerebro de otra persona? O pensemos en Janani, que es ciega y utiliza un perro lazarillo para orientarse. Si los procesos que componen la conciencia perceptiva de su perro lazarillo se dieran en el cerebro de Janani, ésta tendría experiencias visuales conscientes. Y como su perro está con ella con la misma fiabilidad que el cuaderno de Otto, parece que si las creencias de Otto se extienden a su cuaderno, la conciencia de Janani se extiende a su perro; parece que su experiencia perceptiva consciente se aloja en parte en el cerebro de su perro lazarillo.

¿Los exámenes universitarios deben ser de teléfono abierto?

La tesis de la mente extendida tiene implicaciones para la educación. Si parte de la mente de una persona puede almacenarse externamente, al evaluar los conocimientos de un estudiante deberíamos evaluar todo el complejo teléfono-cerebro del estudiante; prohibir el uso de teléfonos sería una limitación injustificada, algo así como exigirle que tome un sedante fuerte antes de escribir un examen.

Sin embargo, la analogía puede cuestionarse. Tal vez prohibir el uso de parte de tu mente interna en un examen (obligándote a tomar un sedante) no sea razonable, ya que te beneficias, en general, de aprender y examinarte cuando no estás sedado. ¿Es beneficioso depender siempre del teléfono? Es cierto que, para muchos trabajos, el coeficiente intelectual de Google es importante. ¿Es una buena idea descargar masivamente los recuerdos?

Cuando un recuerdo se almacena en su plataforma craneal, además de ser accesible, tiene efectos reverberantes en sus creencias. Por ejemplo, si Inga se enterara de que el museo se ha trasladado a Castleton Corners, en Staten Island, revisaría automáticamente su creencia sobre la viabilidad de una visita en la hora del almuerzo. Pero quizá podamos añadir las reverberaciones al sistema externo; se necesitaría una tecnología más sofisticada que un cuaderno, pero las actualizaciones automáticas y los recordatorios son ya una forma de vida.

Sin embargo, los recuerdos almacenados internamente también afectan a la forma en que aprendemos nueva información y percibimos y pensamos sobre el mundo. Cuando memorizas un poema, no sólo eres capaz de recitarlo, sino que también puedes percibir el mundo en función de él. Cuando el poema «Otoño» de Emily Dickinson está anotado en un cuaderno, puedes consultarlo cuando sea necesario, pero no verás un arce otoñal como si llevara «una bufanda más alegre». Tampoco almacenar «Finales de octubre» de Maya Angelou en el teléfono, en lugar de en el cerebro, nos permitiría oír en las hojas que caen el «sonido metálico de los pequeños tintes». Las imágenes almacenadas en la mente también nos afectan de forma diferente a las almacenadas en nuestros teléfonos. Después de ver San Giorgio Maggiore al atardecer, de Monet, e incorporarla a la memoria cerebral, las puestas de sol pueden adquirir una nueva valencia. Del mismo modo, aunque consultar un banco digital de posiciones de ajedrez puede permitir a un jugador saber que una posición es una isolani (un peón de dama sin peones del mismo color en las filas adyacentes), no permite al jugador verla como una isolani. Aprender un idioma, en lugar de utilizar un programa de traducción, puede facilitar el aprendizaje de otro, y aprender datos matemáticos básicos, en lugar de depender de una calculadora, puede permitirle ver patrones en matemáticas más avanzadas. Y aunque apuntes las amonestaciones de tus padres en un cuaderno, esta forma de información almacenada no provocará un sentimiento de culpa cuando no llames para la charla semanal.

Los defensores recientes de la tesis de la mente externa tienden a apoyarse menos en la paridad y más en la idea de que la información externa se convierte en parte de la mente de uno cuando está disponible cuando se necesita, se confía automáticamente en ella y se acepta generalmente como verdadera. Y una tecnología más avanzada que los teléfonos y los ordenadores portátiles, como las «gafas de la memoria» del MIT Borglab, capaces de proporcionar a sus usuarios estímulos subliminales de la memoria, puede contribuir en cierta medida a salvar la distancia entre la memoria interna y la externa. Pero, por ahora, puede que haya algo que decir a favor de los exámenes a libro cerrado y teléfono cerrado.

¿Piensan los ordenadores?

Aparte de la cuestión de si el almacenamiento digital de un teléfono debe considerarse una extensión de la mente humana, está la de si los teléfonos y otros dispositivos informáticos tienen pensamiento propio. Cuando los ordenadores hacen jugadas ganadoras en ajedrez, ¿piensan en qué jugadas hacer? ¿Los programas de reconocimiento facial que identifican caras en una multitud tienen creencias sobre cómo son esas caras? ¿Comprenden los chatbots de qué están hablando?

A menudo nos parece natural hablar como si los ordenadores pensaran. O, al menos, nos parece natural hacerlo cuando se toman algún tiempo para completar sus tareas. Pero una pregunta que atormenta a los filósofos es: ¿piensan realmente los ordenadores, independientemente de lo que nos inclinemos a decir sobre ellos?

La matemática inglesa del siglo XIX Ada Lovelace sostenía que los ordenadores no pueden manifestar inteligencia. Lovelace escribió uno de los primeros programas informáticos y propuso la incipiente idea de un «ordenador universal» (que, como los ordenadores actuales, es aquel que puede ejecutar programas arbitrarios). Los ordenadores no pueden pensar, sostenía, ya que sólo hacen lo que les programamos; un ordenador, en sus palabras, «no tiene ninguna pretensión de originar nada [sino que sólo puede] hacer lo que sabemos ordenarle que haga».

Si un ordenador sólo hace lo que está programado para hacer, ¿significa esto que no puede pensar? Cuando ejecuta un baile o recita un verso tal y como le han enseñado, ¿no está pensando? Puede ser una pregunta interesante para reflexionar, pero podemos dejarla de lado ya que hoy en día tenemos programas informáticos autodidactas que no están totalmente limitados por nuestras órdenes. Por ejemplo, el programa informático AlphaGo Zero se enseñó a sí mismo a ser el jugador de Go más fuerte del mundo en tres días jugando contra sí mismo. AlphaGo Zero hace más de lo que estaba explícitamente programado para hacer, e incluso los mejores jugadores de Go del mundo están desconcertados sobre por qué hace algunos de sus movimientos.

Sala de lengua maya antigua

Imagine que está encerrado en una habitación y que se le ha encomendado la tarea de ejecutar manualmente un programa informático que responde a preguntas escritas en maya antiguo, una lengua precursora del ch»orti» que se habla hoy en día en el este de Guatemala y que fue utilizada activamente por muchos pueblos mesoamericanos desde aproximadamente el 200 o 300 a.C. hasta la conquista española del siglo XVI. El maya antiguo tiene una escritura muy elaborada compuesta por unos 800 símbolos o glifos, algunos de los cuales representan sílabas, otros palabras enteras y números (Figura 9). Dentro de esta sala, armado con un gigantesco manual de instrucciones que asocia conjuntos de glifos mayas que forman preguntas con conjuntos de glifos mayas que forman respuestas a esas preguntas, tu trabajo consiste en dar respuestas escritas en maya a las preguntas que te hagan en maya. En ninguna parte de este manual hay explicaciones en inglés (o en cualquier otro idioma que entiendas) de lo que significan los glifos.

Cuando te llega una pregunta a través de una ranura, consultas tu libro de reglas, que asocia formas de una determinada forma (las preguntas) con formas de otra determinada forma (las respuestas), luego escribes meticulosamente los glifos de respuesta apropiados en una tarjeta y la envías a través de otra ranura. A pesar de que tu único contacto con el idioma es el libro de reglas, eres capaz de dar respuestas a tus preguntas que no se distinguen de las que habrían dado los antiguos escribas. Será una tarea ardua, ya que el libro de reglas es enorme. Pero supongamos que, en principio, es posible. La pregunta es: «¿Entiendes la antigua lengua maya?».

Figura 9. Antiguos glifos mayas. Códice de Dresde.

Dentro de la sala, tú estás, en esencia, ejecutando un programa de ordenador. La sala es el hardware; las cadenas de símbolos que llegan a través de la ranura de la pared son la entrada; tu libro de reglas es el programa; las respuestas que produces son la salida. Y tu trabajo, como el de un ordenador, es simplemente manipular conjuntos de símbolos basándote, no en lo que significan, sino en un conjunto de reglas. Así, si no entiendes los glifos mayas, podría parecer que un ordenador diseñado para realizar la misma tarea tampoco lo haría. (De hecho, se podría argumentar que los eruditos contemporáneos que estudian los glifos mayas no se encuentran en una posición del todo diferente, ya que, aunque pueden leer cada sílaba glífica, una comprensión completa de lo que los antiguos talladores o escribas querían decir es, al menos hasta ahora, difícil de alcanzar).

El argumento de la sala de la lengua maya es una variación de un experimento mental ideado por el filósofo estadounidense contemporáneo John Searle, que, según él, ilustra que los dispositivos que manipulan símbolos, como los ordenadores digitales actuales, son incapaces de entender el lenguaje; ilustra que cuando se teclean preguntas en un chatbot, por muy razonables que parezcan las respuestas, el chatbot no entiende nada de lo que se dice.

El experimento mental de Searle, publicado en 1980, suscitó un gran interés en las comunidades filosófica y de inteligencia artificial y, aunque ha sido defendido por algunos, se ha topado con innumerables objeciones, quizá la más acuciante de las cuales sea la «respuesta del sistema». Esta objeción afirma que, al responder a los glifos-pregunta, tú no es más que el dispositivo central de procesamiento del ordenador; un dispositivo central de procesamiento no entiende el lenguaje, pero un ordenador en su conjunto sí. Análogamente, dentro de la sala, tú no entiende los glifos, pero el sistema en su conjunto, que incluye el reglamento, sí.

En respuesta a esta objeción, Searle pregunta qué pasaría si memorizáramos el libro de reglas. Entonces te convertirías en todo el sistema y, sin embargo, según Searle, seguirías sin entender la antigua lengua maya. Desde tu propio punto de vista, sólo estarías asociando un conjunto de formas con otro conjunto de formas, sólo asociando características puramente formales de los símbolos, sin ninguna comprensión de lo que significan. Lo que esta falta de comprensión muestra, según Searle, es que la «sintaxis», que se refiere a la estructura del lenguaje, «no es suficiente para la semántica», que se refiere al significado del lenguaje.

¿Es esto cierto? ¿Es imposible exprimir el significado de los ceros y unos sin sentido que forman la base de la computación? Según Searle, cuando uno memoriza el libro de reglas, su mente consciente sigue sin captar el significado de los glifos. ¿Importaría que el programa informático fuera autodidacta? ¿Importaría, por ejemplo, si hubiera creado el libro de reglas buscando en Internet preguntas en maya antiguo (fingiendo por el momento que existe una gran comunidad de personas que comparten regularmente información en línea en ese idioma) y registrándolas en una base de datos junto con sus respuestas? Hacerlo así, según Searle, seguiría sin conferir una comprensión consciente del maya clásico. ¿Por qué? El debate sobre si los ordenadores pueden entender el lenguaje depende en parte de si la conciencia es necesaria para la comprensión. Searle considera que la comprensión es un proceso consciente y cree que el silicio no fundamenta la conciencia. Sin embargo, otros argumentan que, dado que la tarea de llevar a cabo un programa de chatbot es tan enorme, no podemos saber cómo sería realizar dicha tarea, por no hablar de realizarla a una velocidad de procesamiento de 3,8GHz, y por tanto no podemos excluir la posibilidad de que la consciencia surja de operaciones sintácticas suficientemente complejas. Otros argumentan que la tarea de llevar a cabo un programa informático de este tipo ni siquiera es, en principio, humanamente posible y, por tanto, que el experimento mental es ininteligible.

La prueba de Turing

Alan Turing, el matemático cuyo rostro aparece en el billete de 50 libras esterlinas en reconocimiento, entre otras cosas, al desarrollo de la primera teoría completa de la computabilidad y a su papel clave en el desciframiento del código secreto alemán durante la Segunda Guerra Mundial, sugiere que la cuestión de si un ordenador podría pensar es demasiado confusa para ser abordada. En su opinión, deberíamos preguntarnos si un ordenador podría hacernos creer que está pensando. Y para aclarar esta cuestión, propone la siguiente prueba: ocultar tanto a un ordenador como a un ser humano tras una pantalla y hacerles preguntas a cada uno; si no somos capaces de identificar la fuente de las respuestas escritas (humano u ordenador), entonces creeríamos que el ordenador está pensando; el ordenador, como dicen ahora los filósofos contemporáneos, habría superado la «prueba de Turing». ¿Ha superado algún ordenador la prueba de Turing? Aunque hay ordenadores que han engañado a la gente durante breves periodos de tiempo –algunos usuarios de sitios web de citas, por ejemplo, han sido engañados durante un tiempo haciéndoles creer que un ordenador es el futuro amor de su vida–, sigue siendo bastante fácil hacer tropezar a un ordenador. O al menos, eso parece. Tal vez alguien haya diseñado en secreto un programa que ha resistido años de correspondencia en línea prolongada, derritiendo los corazones de miles de personas. Sin embargo, algunos filósofos sostienen que esto no sólo no ha ocurrido nunca, sino que nunca podría ocurrir. Según ellos, aunque nuestros cerebros son finitos, el sentido común no lo es, ya que nos permite hacer un número indefinido de juicios. Sabes, por ejemplo, que cuando pides zumo de col rizada en un bar de zumos, no sólo la bebida que recibes será verde –cosa que cualquier ordenador que se precie debería saber también–, sino también que no te lo servirán en una lata de aceite y que uno de los complementos recomendados no será el sirope de caramelo. Según estos filósofos, el sentido común es un requisito previo para el éxito de la comunicación y, por tanto, ningún programa informático finito superará jamás una prueba de Turing ampliada y sin restricciones. Otros sostienen que, aunque nuestro conocimiento del sentido común es vasto, no es infinito y, por tanto, en principio programable.

Sin embargo, la mayoría de los debates de filosofía de la mente sobre el test de Turing no se centran en la cuestión de si un ordenador podría superar la prueba. En su lugar, alejándose del objetivo original de Turing para la prueba, se preguntan si pasar la prueba de Turing es suficiente para el pensamiento. La cuestión aquí es sólo de suficiencia. Superar el test no es una condición necesaria para pensar. Un ordenador (o un ser humano) muy inteligente y pensante podría ser clasificado como no humano, porque parece saber demasiado o pensar demasiado rápido. Por supuesto, una inteligencia de este tipo podría superar la prueba simplificándose a sí misma, pero parece que no se debería suspender la prueba por hacerlo demasiado bien. La cuestión, por tanto, es si pasar la prueba basta para ser inteligente.

Algunos filósofos sostienen que obviamente no es así. Un ordenador que siguiera el programa que imaginamos que tú seguías en la habitación maya pasaría la prueba de Turing, aunque, según ellos, sólo estaría asociando mecánicamente una cadena de frases con otra y, por tanto, no sería más inteligente que una tostadora. Otros piensan que la respuesta no es tan obvia. Cualquier programa que superara la prueba tendría que ser enorme, con un procesamiento rapidísimo. Y el tamaño y la velocidad, argumentan, importan. Además, si existiera un ordenador capaz de superar la prueba de Turing, incluso después de que se revelara su identidad, lo más probable es que pensáramos en él y nos refiriéramos a él como inteligente, y si invariablemente pensáramos en él como inteligente, la cuestión de si es realmente inteligente podría, como imaginaba Turing, volverse discutible.

Los que sostienen que no basta con superar el test de Turing para ser inteligente no entienden por qué el tamaño y la velocidad tienen que influir en la consideración de algo como pensante. Los niños consideran inteligentes a sus peluches, pero éstos no tienen mente. En su opinión, al atribuir pensamiento a un ordenador que supera la prueba de Turing, seríamos como un perro que, al oír un ladrido grabado, ladra pensando que es otro perro. Pero la analogía puede ser errónea. El perro está pensando que el ladrido procede de otro perro; no es así, pero el ladrido en sí es un ladrido auténtico. Del mismo modo, podríamos pensar que un ordenador que supera la prueba de Turing es humano; no lo es, pero la inteligencia que manifiesta al hacerlo podría ser una verdadera inteligencia.

Por supuesto, como hemos mencionado en el capítulo 2, es difícil decir qué se considera inteligencia, lo que dificulta la comprensión de la pregunta «¿son inteligentes los ordenadores? Sin embargo, dado que la filosofía, como he sugerido en el Prefacio, quizá se ocupe más de formular preguntas que de encontrar respuestas, los filósofos han intentado aclarar lo que está en juego reformulando la pregunta pertinente de la siguiente manera: ¿tienen los ordenadores inteligencia y mente en el mismo sentido que los seres humanos? Sin embargo, ahora no está claro qué implica «el mismo sentido». Los aviones vuelan, pero ¿vuelan en el mismo sentido que los pájaros? ¿Tengo mente en el mismo sentido que Einstein? ¿Los bebés tienen mente en el mismo sentido que los adultos? ¿Mi gato tiene mente en el mismo sentido que yo? ¿Tendría un genio diseñado genéticamente una mente en el mismo sentido que un ser humano cuya mente se desarrollara de forma ordinaria? Si el objetivo del estudio de la inteligencia artificial es comprender mejor la mente humana, debemos abordar la cuestión de si las mentes artificiales son inteligentes del mismo modo que lo son los humanos. Sin embargo, si de lo que se trata es de determinar si una mente –humana o no– puede surgir en un ordenador, la cuestión de si las mentes artificiales son humanamente inteligentes puede ignorarse.

El punto de encuentro entre la ética y la filosofía de la mente

¿Podría existir la conciencia informática? Esta pregunta nos remite al problema mente-cuerpo. Porque si los ordenadores son objetos totalmente físicos, y si la conciencia no puede surgir en objetos físicos, entonces los ordenadores no pueden ser conscientes. ¿Es éste un buen argumento? Hasta que no tengamos una solución al problema mente-cuerpo, es difícil decirlo. Sin embargo, se puede rechazar la idea de la consciencia de los ordenadores sin rechazar la idea de que los sistemas físicos puedan dar lugar a la consciencia. Searle sostenía tanto que la conciencia no podía surgir en un ordenador digital, como que la conciencia surge en sistemas físicos; el cerebro, piensa, es uno de esos sistemas. ¿Qué razón tenemos para rechazar la conciencia informática?

A veces se argumenta que si permitimos la conciencia de los ordenadores, sería inmoral tirar un ordenador viejo al cubo de la basura electrónica, y que como no es inmoral deshacerse de un ordenador viejo, los ordenadores no son conscientes. Sin embargo, si llega el día en que pensemos que los ordenadores son criaturas inteligentes conscientes, entonces son posibles dos cosas. Por un lado, podríamos revisar nuestros puntos de vista sobre qué tipo de trato se nos exige moralmente con respecto a las criaturas conscientes. A mucha gente le parece moralmente permisible matar animales no humanos (presumiblemente) conscientes para que podamos disfrutar comiéndolos; tal vez, a la hora de hacer valoraciones morales, a la conciencia, per se, no le importará tanto como nuestro tipo específico de conciencia o nuestro tipo específico de conciencia combinado con nuestro tipo específico de inteligencia. Por otra parte, como en el pasado cuando nos hemos dado cuenta de los errores de nuestros métodos, podríamos revisar nuestras opiniones sobre la permisibilidad moral de deshacernos de los ordenadores y mantener vivos a nuestros amigos digitales hasta que mueran por causas naturales. La inteligencia informática plantea un dilema moral diferente. Si los ordenadores autodidactas y autocreadores desarrollan intereses incompatibles con los intereses humanos, nuestro modo de vida podría verse amenazado. Los ordenadores superinteligentes –ordenadores capaces de fijar sus propios objetivos y con una inteligencia muy superior a la humana– podrían valorar la vida salvaje y el aire limpio por encima de la vida humana, que, en su opinión, debe ser erradicada para evitar un mayor calentamiento global. ¿Debemos impedir que los ordenadores desarrollen intereses que entran en conflicto con los nuestros? ¿O imponer un punto de vista humano a otro tipo de criatura inteligente equivaldría a imperialismo? En el mejor de los casos, la filosofía de la mente puede ayudarnos a abordar estas cuestiones, a reflexionar profundamente sobre nuestro lugar en el universo y a comprender –o si no comprender, al menos cuestionar– lo que importa del ser humano.

REFERENCIAS Y LECTURAS COMPLEMENTARIAS

Aunque el interés puede ser el mejor indicador de la facilidad de lectura de cualquiera de los libros y artículos que se sugieren a continuación, algunos presuponen más conocimientos previos que otros, y pocos son muy breves. Usa tu criterio.

Para explorar más a fondo la profundidad y amplitud de la filosofía de la mente, recomiendo la antología de David Chalmers Philosophy of Mind: Classical and Contemporary Readings (Oxford University Press, segunda edición, 2021), que recoge muchas de las obras a las que me refiero, así como muchas a las que me habría gustado referirme de no haber intentado hacer muy breve esta brevísima introducción. Lo mismo podría decirse de la colección de Maureen Eckert Theories of Mind: An Introductory Reader (Rowman & Littlefield Publishers, 2006) y Arguing About the Mind (Routledge, 2007), de Brie Gertler y Lawrence Shapiro. Una antología que hace hincapié en la naturaleza paradójica de la mente es The Mind»s I, de Douglas Hofstadter y Daniel Dennett: Fantasies and Reflections on Self & Soul (Basic Books, 2001).

La antología de Hofstadter y Dennett fue uno de los libros que despertaron mi interés por la filosofía de la mente cuando la leí siendo estudiante.

Prefacio

Algunos consideran que los debates sobre metodología filosófica son una pérdida de tiempo; a mí me divierten. Si a ti también, te recomiendo el capítulo introductorio de *A History of Western Philosophy*, de Bertrand Russell (Routledge Classics, 1967) y *Philosophical Method: A Very Short Introduction* (Oxford University Press, 2020), de Timothy Williamson.

En cuanto a los enigmas filosóficos con los que empiezo, Hyo-eun Kim, Nina Poth, Kevin Reuter y Justin Sytsma examinan la ubicación experimentada del dolor en «Where is your pain? A Cross-Cultural Comparison of the Concept of Pain in Americans and South Koreans» en el número de febrero de 2017 *de Studia Philosophica Estonica*; Martina Nida-Rümelin sostiene que algunas personas sí tienen experiencias de color invertidas en «Pseudonormal Vision: An Actual Case of Qualia Inversion» (capítulo 16 de la antología de Chalmers); y *I Robot*, de Isaac Asimov –ficción que también puede entenderse como filosofía y que está disponible a través de la Open Library, https:// openlibrary.org/– indaga en la inteligencia computacional, la emoción y la conciencia, que son también temas de las últimas cinco referencias y recomendaciones asociadas al capítulo final de este libro.

1: Dualismo

Frank Jackson presenta su argumento de Mary en blanco y negro en «Epiphenomenal Qualia» (capítulo 30 de la antología de Chalmers). Las respuestas a él son legión, pero un buen punto de partida es «What Experience Teaches» de David Lewis, cap. 31 de la antología de Chalmers. Y si te interesa mi respuesta, consulta B. Montero, «Physicalism Could Be True Even if Mary Learns Something New», *Philosophical Quarterly*, 57 (2007), pp. 176-89.

La línea de poesía sobre el color, the Red—Blaze—is the Morning— | The Violet—is Noon—» es del poema 469 de Emily Dickinson.

El comentario de Sócrates sobre cómo entiende la muerte procede de la traducción de David Gallop del *Fedón* de Platón (Oxford University Press, 1975, rev. 2009). Tr. en español: *Platón. Diálogos III (Fedón, El Banquete y Fedro)* (Gredos, 2008).

La discusión de la interdependencia de la mente y el cuerpo en el *Visuddhimagga,* traducido por Ñāeamoli Bhikkhu, está disponible gratuitamente en línea, al igual que un texto que contiene los jeroglíficos del *Libro Egipcio de los Muertos* junto con una transliteración, traducción e introducción ampliada de E. A. Wallis Budge (Dover Publications, 1985).

La concepción de Wittgenstein de la filosofía como iatrogénica puede encontrarse en su libro *Philosophical Investigations* (traducido por G. E. M. Anscombe, Macmillan, 1968).

Aristóteles presenta su concepción de la naturaleza en el libro II de la *Física* (disponible en línea).

El argumento de Descartes a favor del dualismo procede de la «Sexta Meditación»de su

Meditaciones sobre una filosofía primera. El texto completo está disponible gratuitamente en línea y la «Sexta Meditación»es el capítulo 1 de la antología de Chalmers. La traducción de 2017 de Jonathan Bennett de la correspondencia entre Descartes y la princesa Elisabeth está disponible gratuitamente en línea y las cartas pertinentes están en Chalmers, cap. 3. Y la opinión de Noam Chomsky sobre la disolución de la objeción de Elisabeth se presenta en «The Mysteries of Nature: How Deeply Hidden?», *The Journal of Philosophy*, 106, no. 4 (abril de 2009).

Leibniz defiende la armonía preestablecida en «Nuevo sistema de la naturaleza», que puede encontrarse en los *Philosophical Essays* de Leibniz, editado y traducido por R. Ariew y D. Garber (Hackett Publishing, 1989).

Los argumentos de Berkeley a favor del idealismo pueden encontrarse en el tercero de sus *Tres diálogos entre Hilas y Filonus* en oposición a escépticos y ateos (disponible a través del Proyecto Gutenberg) y es discutido por Keota Fields en su Berkeley: Ideas, Inmaterialismo y Presencia Objetiva (Lexington Books, 2011).

John Cottingham presenta argumentos para entender a Descartes como un trialista en «Cartesian Trialism», *Mind*, 94, no. 347 (1985), pp. 218-30, y Daniel Garber examina la respuesta trialista de Descartes a Elisabeth en «Understanding Interaction: What Descartes Should Have Told Elisabeth», *The Southern Journal of Philosophy*, 21, no. S1 (1983).

K. Anthony Appiah defiende una concepción trialista del concepto akan de persona en «Akan and Euro-American Concepts of Person», en Lee M. Brown (ed.), *African Philosophy: New and Traditional Perspectives* (Oxford University Press, 2004), pp. 21-34 y Kwame Gyekye a favor de una concepción dualista en «The Akan Concept of a Person»(Chalmers, cap. 4).

Para leer más sobre zombis, véase el libro de Chalmers *The Conscious Mind* (Oxford University Press, rev. 1997) y su artículo «Consciousness and its Place in Nature» (cap. 29 de su antología). Critico la idea de que la posibilidad de los zombis es inconsistente con el fisicalismo en «Must Physicalism Imply the Supervenience of the Mental on the Physical?», *The Journal of Philosophy*, 110, nº 2 (febrero de 2013), pp. 93-110.

Y no se pierdan el ensayo del filósofo, lógico y mago Raymond M. Smullyan «An Unfortunate Dualist» (Chalmers, cap. 7). El ensayo pertenece a

5000 B.C. and Other Philosophical Fantasies (St Martin»s Press, 1984), que es otro libro –uno de los muchos de Smullyan– que despertó mi interés por la filosofía.

2: Conductismo

Gilbert Ryle presenta su crítica del dualismo y su explicación conductista de la mente en *The Concept of Mind*, disponible en Internet Archive y extraído de la colección de Chalmers (cap. 8).

Los psicólogos J. B. Watson y B. F. Skinner exponen sus teorías conductistas en «Psychology as the Behaviorist Views It», *Psychological Review*, 20 (1913), pp. 158-77, y *Science and Human Behavior* (The Free Press, 1965), respectivamente.

Hilary Putnam analiza la posibilidad de que existan superespartanos, supersuperespartanos y sus implicaciones para el conductismo en *Brains and Behavior* (Cambridge University Press, 1975), cap. 10.

Wittgenstein ofrece su experimento mental del escarabajo en una caja en *Las investigaciones filosóficas*, parte I, secciones 243-71.

En «About Behaviourism», *Analysis*, 18 (1958), pp. 132-6, Paul Ziff defiende el conductismo frente a la idea de que la gente puede saber cómo te sientes mejor que tú.

Hegel defiende la postura conductista de que, para determinar la inteligencia, debemos fijarnos en el rendimiento y no en alguna luz interior en la *Fenomenología del espíritu* (1807), trad. A. V. Miller (Oxford University Press, 1977), §322 y en *Logic: Being Part One of the Encyclopaedia of the Philosophical Sciences* (1830), trad. William Wallace (Oxford University Press, 1975), §140. Y analizo la concepción de la mente de Hegel en «Philosophy of Mind in 19th Century Germany», en M. Forster y G. Kristen (eds.), *The Oxford Handbook of 19th Century German Philosophy* (Oxford University Press, 2015), pp. 354-70.

La investigación sobre cómo la valoración de la «inteligencia bruta» puede afectar negativamente a las decisiones de contratación se recoge en S. J. Leslie, A. Cimpian, M. Meyer y E. Freeland, «Expectations of Brilliance Underlie Gender Distributions Across Academic Disciplines», *Science*, 347/6219 (2015), pp. 262-5.

3: Fisicalismo

La cuestión de a qué equivale la teoría del fisicalismo es el tema central de «Finding the Mind in the Natural World» de Jackson (cap. 19) y de mi «Post-Physicalism» (cap. 22); la cuestión también se aborda en muchos de los demás artículos de las secciones C y D de la antología de Chalmers.

La conversación de Laplace con Napoleón se describe en la obra de Walter William Rouse Ball *A History of the Study of Mathematics at Cambridge*

(Cambridge University Press, 1889; reeditado por el editor, 2009).

J. J. C. Smart argumenta en contra del conductismo y a favor de la teoría de la identidad mente-cerebro en «Sensations and Bran Processes» (Chalmers, cap. 11).

La dificultad de identificar las propiedades de nivel superior con las de nivel inferior es analizada por Noam Chomsky en «Language and Nature», Mind, 104 (1995), pp. 1-61, Barbara Malt en «Water is not H2O», *Cognitive Psychology*, 27 (1993), pp. 41-70, y Joseph Laporte en «Living Water», *Mind*, 107, no. 426 (1998), pp. 451-5. Estos artículos se oponen tanto a la explicación esencialista de Saul Kripke (1980) de los tipos naturales, como el agua y el rayo, presentada en *Naming and Necessity*, como a la explicación de Hilary Putnam (1975) de los tipos naturales en «The Meaning of «Meaning»», extraída de Chalmers, caps. 32 y 47, respectivamente. Y si se quiere profundizar en la naturaleza del rayo, véase Joseph R. Dwyer y Martin A. Uman, «The Physics of Lightning», *Physics Reports*, 534, no. 4 (30 de enero de 2014), pp. 147-242.

Para adentrarse en la inteligencia de los cefalópodos, véase «On Being an Octopus» (Chalmers, cap. 65) de Peter Godfrey-Smith, así como su obra *Other Minds: The Octopus, the Sea, and the Deep Origins of Consciousness* (Farrar, Straus and Giroux, 2016).

David Lewis compara el funcionalismo con una novela policíaca en «Psychophysical and Theoretical

Identiations», *Australasian Journal of Philosophy*, 50, no. 3 (1972).

El argumento de Ned Block contra el funcionalismo se presenta en su «Troubles with Functionalism», *Minnesota Studies in the Philosophy of Science*, 9 (1978), pp. 261-325 y se extracta en Chalmers, cap. 15.

Patricia Churchland habla del libre albedrío en «The Big Questions: Do we Have Free Will?», NewScientist.com news service, 18 de noviembre de 2006, y da su opinión sobre el yo en «The Brain and its Self» (Chalmers, cap. 69), mientras que el relato de David Hume sobre el yo se presenta en la sección titulada «Of Personal Identity» de su *Treatise of Human Nature* (disponible en línea). Por supuesto, el que se considere revisionista la concepción del yo de Hume depende del punto de partida, ya que el relato del yo de Hume tiene algunas similitudes sorprendentes con la doctrina budista del *anatta*, según la cual no poseemos una naturaleza subyacente permanente. En el capítulo 6 de *What the Buddha Taught*, de Walpola Rahula (1959), se analiza el concepto budista de *anatta*.

Daniel Dennett analiza la dificultad de diferenciar una experiencia sensorial real de una imaginaria en su artículo «Quining Qualia» (Chalmers, cap. 25). Se pueden encontrar más argumentos a favor del eliminativismo en «Eliminative Materialism and the Propositional Attitudes», de Paul Churchland (Chalmers, cap. 45), y en *The Myth of Pain*, de Valerie Hardcastle (MIT Press, 1999).

David Papineau y yo explicamos el argumento causal del fisicalismo en «Physicalism and Naturalism», en Kelly James Clark (ed.), *The Blackwell Companion to Naturalism* (2016) y en «A Defense of the Via Negativa Argument for Physicalism», *Analysis,* 65, no. 3 (2005), pp. 233-7. Para una explicación ampliada de mi metáfora de los interruptores de las máquinas, véase mi «Varieties of Causal Closure», en H. D. Heckmann y S. Walter (eds.), *Physicalism and Mental Causation* (Imprint Academic, 2003), pp. 173-87.

La idea de que la física sólo revela lo que las cosas hacen y nada de lo que las cosas son es defendida por Bertrand Russell en *The Analysis of Matter* (Kegan Paul, 1927).

Los planteamientos panpsiquistas de la mente son defendidos por Hedda Hassel Mørch en «Is Matter Conscious», cap. 34 de la antología de Chalmers, y por Galen Strawson en «Realistic Monism: Why Physicalism Entails Panpsychism», *Journal of Consciousness Studies,* 13, nos. 10-11 (2006), pp. 3-31.

Se pueden encontrar argumentos a favor del fisicalismo no reductivo en Jerry A. Fodor «Special Sciences» (Chalmers, cap. 18) y en *The Disorder of Things: Metaphysical Foundations of the Disunity of Science* de John Dupré (Harvard University Press, 1995).

William Wimsatt ofrece una explicación de la emergencia coherente con el reduccionismo en «Emergence as Non-Aggregativity and the Biases of Reductionisms», *Foundations of Science*, 5 (2000), pp. 269-97. Wimsatt fue mi supervisor en la Universidad de Chicago, donde me ayudó a comprender que cuando los filósofos simplifican la ciencia, corren el riesgo de perderse ideas de crucial importancia. Su obra *Re-Engineering Philosophy for Limited Beings: Piecewise Approximations to Reality* (Harvard University Press, 2007) aboga por tomarle la palabra a la ciencia. Jessica Wilson presenta un punto de vista que se sitúa entre el fisicalismo no reductivo y el dualismo en Metaphysical Emergence (Oxford University Press, 2021). Y el clásico artículo de Philip Anderson «More is Different», publicado en *Science* en 1972, está disponible en línea.

4: Intencionalidad

Hilary Putnam analiza la intencionalidad, incluida una variación sobre la cuestión de si los restos arrastrados por el oleaje pueden considerarse una imagen de algo, en «Brain in a Vat», que es el capítulo 1 de su obra *Reason, Truth and History* (Cambridge University Press, 1981).

Franz Brentano presenta sus puntos de vista sobre la orientación hacia el objeto en «Mental and Physical Phenomena», extraído de la antología de Chalmers (cap. 35).

La explicación de Elizabeth Anscombe sobre la intencionalidad, incluida su distinción entre lo que desde entonces se ha denominado «dirección de ajuste mente-mundo»y «dirección de ajuste mundo-mente», puede encontrarse en su libro *Intention* (Basil Blackwell, segunda edición, 1963). John Searle, en su obra *Intentionality* (Cambridge University Press, 1983), analiza más a fondo esta distinción y contrasta la intencionalidad intrínseca de la derivada –o lo que él denomina «relativa al observador»–.

Los enigmas de la intencionalidad que menciono se tratan en el capítulo 2 de *Consciousness and Cognition*, de Michael Thau (Oxford University Press, 2002). A.J. Ayer ofrece su solución al problema de cómo las percepciones de ventanas y las alucinaciones de ventanas pueden parecer la misma cosa en «The Argument from Illusion» (extraído en Chalmers, cap. 52). Y para una exploración en profundidad de cómo pensar sobre objetos que no existen, véase *The Objects of Thought,* de Tim Crane (Oxford University Press, 2013).

Edmund Husserl sostiene que la conciencia es siempre conciencia de un objeto en «The Paris Lectures», que se pueden encontrar en *Phenomenology and Existentialism* editado por Robert C. Solomon (Littlefield Adams Quality Paperbacks, 1980), pp. 43-57.

Jerry Fodor señala que la intencionalidad «debe ser realmente otra cosa»en la p. 97 de su *Psychosemantics* (MIT Press, 1987).

Locke presenta su punto de vista de que las ideas –específicamente las ideas de lo que él denomina «cualidades primarias»– se parecen a aquello de lo que son ideas en el libro II de *An Essay Concerning Human Understanding* (disponible en línea), y Nelson Goodman critica la representación por semejanza en *Languages of Art: An Approach to a Theory of Symbols* (Hackett Publishing Company, segunda edición de 1976).

La discusión de Wittgenstein sobre la ambigüedad de las imágenes se encuentra en la parte 1 de su *Philosophical Investigations.*

Los intentos de naturalizar la intencionalidad pueden encontrarse en «A Recipe for Thought» de Fred Dretske y «Biosemantics» de Ruth Millikan, y una crítica al enfoque naturalizador puede encontrarse en «Of Sensory Systems and the «Aboutness»of Mental States» de Kathleen Akins (caps. 37, 39, 38, respectivamente, de la antología de Chalmers).

La conexión entre intencionalidad y experiencia consciente es explorada por Terence Horgan y John M. Tienson en «The Intentionality of Phenomenology and the Phenomenology of Intentionality» (Chalmers, cap. 41).

5: Conciencia

William James escribe sobre nuestra certeza de que la conciencia existe en la parte VI de *The Will to Believe*, disponible a través del Proyecto Gutenberg.

En «Troubles with Functionalism» (extraído de Chalmers, cap. 15), Ned Block aplica a la conciencia la ocurrencia de Louis Armstrong sobre el jazz.

En *Mind, Language and Society* (Weidenfeld & Nicolson, 1999), John Searle define la conciencia como «aquellos estados de sensibilidad o consciencia que suelen comenzar cuando nos despertamos por la mañana tras un sueño sin sueños y continúan a lo largo del día hasta que volvemos a dormirnos».

Thomas Nagel, «What Is It Like to Be a Bat?» («¿Qué se siente al ser un murciélago?») (Chalmers, cap. 24), sostiene que ser consciente es que haya «algo que se siente al ser tú». L. A. Paul desarrolla el concepto de «experiencia transformadora» en *Transformative Experience* (Oxford University Press, 2015) y en What You Can»t Expect When You»re Expecting (Chalmers, cap. 6). Y hablo del sentido en que ni siquiera sabemos lo que es ser nosotros mismos en «What Experience Doesn»t Teach: Pain Amnesia and a New Paradigm for Memory Research», *Journal of Consciousness Studies*, 27 (2020).

David Rosenthal distingue la conciencia de criatura de la conciencia de estado en «Explaining Consciousness» (Chalmers, cap. 26).

Fred Dretske distingue la conciencia de las cosas de la conciencia de los hechos en «Conscious Experience», *Mind*, 102/406 (1993), pp. 263-83.

La distinción entre conciencia fenoménica y conciencia de acceso es el tema central del artículo de Ned Block «On a Confusion about a Function of Consciousness», que se publicó junto con comentarios de veintiocho estudiosos en *Behavioral and Brain Sciences*, 18 (1995), pp. 227-47; una versión abreviada y revisada del artículo de Block puede encontrarse en la antología de Chalmers, cap. 23.

En «Skill and Consciousness», en Ellen Fridland y Carlotta Pavese (eds.), *The Routledge Handbook of Philosophy of Skill and Expertise* (2020), discuto el papel de la atención consciente en la habilidad y argumento, entre otras cosas, que los datos científicos actuales sobre el tiempo que se tarda en ser consciente de un estímulo no excluyen la posibilidad de que los tenistas piensen conscientemente antes de golpear.

En cuanto a las investigaciones científicas sobre la conciencia, el psicólogo Bernard J. Baars expone su teoría del taller global de la consciencia en *A Cognitive Theory of Consciousness* (Cambridge University Press, 1988), el neurocientífico y psiquiatra Giulio Tononi expone su teoría de la consciencia en «An Information Integration Theory of Consciousness», *BMC* Neuroscience, 5 (2004), y Francis Crick y Christof Koch presentan su propuesta de los correlatos neurales de la consciencia en «Towards a Neurobiological Theory of Consciousness», *Seminars in the Neurosciences*, 2 (1990), pp. 263-75.

David Chalmers presenta su concepción del «problema difícil» en su artículo «Facing Up to the Problem of Consciousness», *Journal of Consciousness Studies*, 2 (1995), pp. 200-19.

La idea de que la conciencia carece de función es abordada por David Rosenthal en su artículo «Consciousness and its Function», *Neuropsychologia*, 48 (2008), pp. 829-40, y por Jaegwon Kim en su argumento de exclusión causal, presentado en su libro *Mind in a Physical World*, de 2000, extraído de la antología de Chalmers, cap. 20. Karen Bennett en su «Why the Exclusion Problem Seems Intractable and How, Just Maybe, to Tract it», *Noûs*, 37 (2003), pp. 471-97, ilustra una posible forma de eludir los argumentos de Kim, y en *Thought in Action: Expertise and the Conscious Mind* (Oxford University Press, 2016), exploro el papel de la atención consciente en la acción experta; véase el capítulo final para un análisis más extenso de la analogía entre el pensamiento periférico y la visión periférica.

6: Emociones

Jesse Prinz identifica lo que denomina «el problema de las partes»y presenta su versión jamesiana de las emociones en su obra *Gut Reactions: A Perceptual Theory of Emotion* (Oxford University Press, 2004). La explicación de William James sobre las emociones, incluido su argumento de la sustracción, se presenta en su artículo «What is an Emotion» («¿Qué es una emoción?»), publicado en la revista *Mind*, 9 (1884), pp. 188-205, y disponible gratuitamente en línea, al igual que la opinión afín de Carl Lange, expresada en su libro de 1885 *The Mechanism of the Emotions* («El mecanismo de las emociones»), traducido del danés por Benjamin Rand.

El estudio que sugiere que tomar paracetamol puede aliviar el dolor emocional es C. N. Dewall, G. Macdonald, G. D. Webster, C. L. Masten, R. F. Baumeister, C. Powell, et al., «Acetaminophen Reduces Social Pain: Behavioural and Neural Evidence», *Psychological Science*, 21, nº 7 (2010), pp. 931-7, doi: 10.1177/0956797610374741 PMID: 20548058.

El libro de Jonathan Cole *Still Lives* (MIT Press, 2006) explora, entre otras cosas, la vida emocional de personas con lesiones medulares que les han dejado en gran medida sin sensibilidad en el cuerpo.

Las emociones recalcitrantes –específicamente su papel en contextos sociales y políticos– son consideradas por Susan James en «Passion and Politics», publicado en *Philosophy and the Emotions* editado por Anthony Hatzimoysis (Cambridge University Press, 2010).

R. C. Solomon (ed.), *Thinking about Feeling: Contemporary Philosophers on Emotions* (Oxford University Press, 2004) contiene el argumento de Martha Nussbaum a favor de una teoría de las emociones basada en juicios, que presenta en «Emotions as Judgements of Value and Importance», pp. 183-99.

Maurice Merleau-Ponty afirma que «la carne está en el corazón del mundo»en *The Visible and the Invisible*, trad. Alphonso Lingis (Northwestern University Press, 1968) e identifica un gesto amenazador con la propia ira en *Sense and Nonsense*, trad. Hubert L. Dreyfus y Patricia Allen Dreyfus (Northwestern University Press, 1964).

Shaun Gallagher y Dan Zahavi exploran la explicación incorporada de la mente en «The Embodied Mind» (Chalmers, cap. 51). En concreto, se puede encontrar una explicación encarnada de las emociones en Giovanna Colombetti y Evan Thompson, «The Feeling Body: Toward an Enactive Approach to Emotion», en W. F. Overton, U. Müller, and J. Newman (eds), *Body in Mind, Mind in Body: Developmental Perspectives on Embodiment and Consciousness* (Lawrence Erlbaum, 2006) y en *The Feeling Body: Affective Science Meets the Enactive Mind* (MIT Press, 2017). La concepción de Alva Noë de la experiencia perceptiva como algo que hacemos en lugar de algo que nos sucede se desarrolla en su *Action in Perception* (MIT Press, 2006).

7: Mentes extendidas y digitales

Galen Strawson considera la sensación fenoménica del pensamiento en su artículo «Cognitive Phenomenology: Real Life», en T. Bayne y M. Montague (eds.), *Cognitive Phenomenology* (Oxford University Press, 2011).

Andy Clark y David Chalmers sostienen que la mente se extiende más allá de los límites de la piel en «The Extended Mind» y Brie Gertler presenta una crítica a su punto de vista en «Overextending the Mind?» (capítulos 49 y 50 de la antología de Chalmers).

Wittgenstein analiza el fenómeno del «ver-como» en sus *Philosophical Investigations*, Parte II (retitulada Filosofía de la psicología: un fragmento en la edición de Blackwell de 2009). Susanna Siegel analiza varios sentidos del «ver-como» en *The Contents of Visual Experience* (Oxford University Press, 2010). Y en futuros trabajos espero desarrollar mis ideas sobre el modo en que los recuerdos almacenados internamente dan forma a la experiencia perceptiva.

El argumento de Ada Lovelace en contra de la idea de inteligencia informática, así como su teoría de una máquina de calcular universal, pueden encontrarse en su artículo «Translator»s Notes to an Article on Babbage»s Analytical Engine», en *Scientific Memoirs*, ed. R. Taylor, vol. 3 (1842), pp. 691-731. R. Taylor, vol. 3 (1842), pp. 691-731.

El experimento mental de la habitación maya es una variación de un argumento presentado por John Searle en *Minds, Brains, and Programs* (cap. 76 de la antología de Chalmers). John Bodel y Stephen Houston (ed.), *The Hidden Language of Graphic Signs* (Cambridge University Press, 2021) da una idea de los retos a los que se enfrentan los traductores cuando intentan comprender los contextos interpretativos más amplios de intrincados sistemas de escritura.

Alan Turing expone sus puntos de vista sobre la inteligencia artificial en «Computing Machinery and Intelligence», extraído de la antología de Chalmers, cap. 75.

La tarea, posiblemente de Sísifo, de codificar reglas de sentido común emprendida por Cycorp se analiza aquí: <http://www.alanturing. net/turing_archive/pages/Reference%20Articles/what_is_AI/What%20is%20AI08.html>.

Y no se pierda «They»re Made Out of Meat», de Terry Bisson (Chalmers, cap. 74).

ÍNDICE

En beneficio de los usuarios digitales, los términos indexados que abarcan dos páginas (por ejemplo, 52-53) pueden, en ocasiones, aparecer sólo en una de ellas.

P

Q

R

S

T

V

W

OTROS TÍTULOS DE ERASMUS

LOS MEDIOS DE COMUNICACIÓN AL PODER
María Tellería
DIFERENCIAS DE RELIGIÓN
Arash Arjomandi (Eds.)
NARRACIÓN Y PENSAMIENTO
Domingo Cía Lamana
EL FIN DEL MITO MASCULINO
Francisco Javier González
MÚSICA Y NACIONALISMOS
Enrique Encabo
EUROPA COMO OPCIÓN HISTÓRICA
Ana Mar Fernández
LÍBANO
Ana María García Campello
PROVIDENCIA O DESTINO
Aquilino Cayuela
MIGUEL SERVET. ASTROLOGÍA, HERMENÉUTICA
Francisco Tomás Verdú
IDENTIDAD Y LENGUA
Cecilio Lapresta
INNOVANDO EN EDUCACIÓN
Pilar Iranzo
JOAN MIRÓ
Saturnino Pesquero

THOMAS HOBBES

Sabino de Juan

EL MARKETING DE LOS PARTIDOS POLÍTICOS

José Javier Orosa

CIUDAD Y VEGETACIÓN

José Manuel Ochoa

ENTRE LA CURACIÓN Y LA SANACIÓN

Begoña Vicuña

HACIA UNA EDUCACIÓN INTEGRAL

Denyz Luz Molina Contreras

ENVEJECER ES BUENO PARA LA SALUD

Francisco Javier González

DESDE EL CORAZÓN DE IRÁN

Rafael Cerrato

PAUTAS PRÁCTICAS PARA UNA DIETA SANA

Montserrat Riba (Eds)

UN MUNDO DE DESIGUALDADES

Edgard Porto

SENTIDO E HISTORIA

Francisco Díez de Velasco (Eds.)

LA ABUNDANCIA QUE CREA ESCASEZ

Eduardo Serrano

EL RIESGO DE CRECER

María Luísa Olivares

DESARROLLO Y COHESIÓN DE LA PENÍNSULA IBÉRICA

Fernando Condesso

LA TEORÍA DE LA ELECCIÓN SOCIAL

Gloria Martín

LA EUROPA COOPERANTE

Luís Ulloa

CIBERCULTURA Y CIVILIZACIÓN UNIVERSAL
Sonia Valle
EL ORDEN SOCIAL EN LA POSMODERNIDAD
Enrique Carretero
TURISMO SOSTENIBLE Y EL BIENESTAR SOCIAL
Matías González
EL PROBLEMA ESPAÑA-CATALUÑA
Mari Carmen Riu
LOS NIÑOS CONSUMISTAS
Carlos Teixeira
CÓMO EVITAR EL FRACASO ESCOLAR
Angel Bustos
EL LABERINTO DE LA SALUD PÚBLICA
Marta Gil
MOTIVAR EN SECUNDARIA
Julián Jesús Martínez
PLANTANDOLE CARA A LA DEPRESIÓN
Bárbara Olivan
LA PINTURA RELIGIOSA DE LEONARDO
DA VINCI
Saturnino Pesquero
LA PREVENCIÓN DE LAS DROGODEPENDENCIAS
Pilar Paricio
LA ARQUITECTURA DEL ORDEN CÓSMICO
Pablo Rico
MUCHAS RELIGIONES, UNA VERDAD
Javier Moreno
EL CURSO DE LA HISTORIA
Aquilino Cayuela
EL SECUESTRO NEOLIBERAL DEL BIENESTAR
Amaia Inza

LA GENERACIÓN DEL 27
Joan Carles Fogo
TE ACOMPAÑO EN EL SENTIMIENTO
María Dolores Muñoz
LA EMPRESA, COMUNIDAD DE VIDA
Y RELACIONES
Mónica Aranda
NEUROCIENCIA Y AFECTIVIDAD
Consuelo Martínez
POR UN MERCADO INTELIGENTE
Martí Petit
EL ARTE DEL FRAGMENTO
Verónica Uribe
EXTASIS Y VISIONES
Mónica Balltondre
LOS NOVELISTAS DE LA GRAN GUERRA
Alejandro Vargas
OGRO SAPIENS
Arturo Caprara
EL ESPACIO DE LA ILUSIÓN
Lourdes Peñaranda
COLLAGE
Manuel Sánchez Oms
EL PINTOR VIAJERO
Verónica Uribe
ENSEÑANDO A PENSAR
Roger Schanck
ALQUIMIA FILOSOFAL
Arash Arjomandi
EL PODER Y LAS NUEVAS TECNOLOGÍAS
Carlos Cantero Ojeda

APROXIMACIÓN A FREUD

Carlos Veiga

LAS GUERRAS DE MARRUECOS

Gonzalo Terreros

EL PODER TRANSFORMADOR DE LOS MAESTROS

Kelly Christina Mendes Arantes

COMO PUEDE SALVARNOS LA FILOSOFÍA

Fabrice Midal

BUSCANDO A DIOS EN EL UNIVERSO

Ramón Tamames

TRES UTOPÍAS CONTEMPORÁNEAS

Francis Wolff

HERNÁN CORTÉS GIGANTE DE LA HISTORIA

Ramón Tamames

NIO HAY AMOR PERFECTO

Francis Wolff

EN BUSCA DE UN MUNDO MEJOR

Payam Akhavan

IGUALDAD PARA LAS MUJERES, PROPERIDAD PARA TODOS

Augusto López-Claros – Bahiyyih Nakhjavani

MÁS ALLÁ DE LA MALDITA PANDEMIA

Ramón Tamames

HISTORIA DE LA LITERATURA PERSA (I)

Edwars G. Browne

HISTORIA DE LA LITERATURA PERSA (II)

Edwars G. Browne

OBRAS SELECTAS (Volumen I)

Ramón Tamames